Gérard Edde

Das TAO-Lebenselixier

Praktischer Führer der chinesischen Naturheilkunst zu Gesundheit und Harmonie im Alltag

edition Tramontane

Titel der französischen Originalausgabe:
Le Tao de la Santé

Deutsche Übersetzung und Bearbeitung von Sylvia Luetjohann

Umschlaggestaltung von Peter Craemer

1. Auflage 1995

Printed in Germany

ISBN 3-925828-35-4

Inhalt

Dieses Handbuch ist all jenen gewidmet,
die nach einer natürlichen Lebensweise suchen,
sowie den alten chinesischen Meistern,
deren Erfahrung bis heute nutzbringend
für uns geblieben ist.

Der Frieden

Himmel und Erde
begegnen einander
und sind in Harmonie,
so daß alle Wesen
blühen und gedeihen.

(Hexagramm 11 des *I Ging*)

Vorwort

Die nachfolgenden Ratschläge entstammen der jahrtausendealten Betrachtung und Weisheit Chinas. Dieses Buch erhebt jedoch keinesfalls den Anspruch, eine ärztliche oder naturheilkundliche Behandlung ersetzen zu wollen. Dennoch können diese Ratschläge sehr hilfreich für uns sein, da sie es uns ermöglichen, selbst allgemeine Richtlinien zu einer natürlichen Gesundheitsvorsorge zu entwickeln. Damit können wir in unserem Alltagsleben unsere energetischen Schwachpunkte besser kennenlernen und Krankheiten mit größerer Widerstandskraft entgegentreten.

Einführung

Unsere Energiebilanz

Chinesische Diagnosemethoden

Schon etwa 2000 Jahre vor Christus hatte das alte China in der Theorie von Yin und Yang bereits die Relativität entdeckt: Materie *(yin)* und Energie *(yang)* bringen einander gegenseitig hervor. Diese Entdeckung war einzig und allein aus der Beobachtung und der Meditation erfolgt. Die Gesetze von Yin und Yang sowie der Fünf Elemente (Holz, Feuer, Erde, Metall und Wasser) wurden erfolgreich auf sehr unterschiedliche Bereiche angewendet, wie beispielsweise die Astronomie, die Medizin und die Philosophie.

Aus der Beobachtung der Gesetzmäßigkeiten des Universums, insbesondere davon, wie sich die Bewegung von Yin-Yang und der Fünf Elemente im Menschen äußert, ist die Wissenschaft der chinesischen Energiediagnostik entstanden. Im Rahmen dieses Buches können wir nicht ausführlich auf dieses umfassende System eingehen, sondern stellen statt dessen einige Grundelemente daraus vor, die es ermöglichen, einen Mangel oder einen Überschuß an Energie in bestimmten lebenswichtigen Organen des Körpers vermuten zu lassen.

Yin und Yang

Eine akute, sich schnell entwickelnde Erkrankung, die von Fieber sowie heftigen und schmerzhaften Prozessen begleitet sein kann, ist vom *Typus Yang*. Im allgemeinen handelt es sich dabei um Beschwerden, die eine äußere Ursache (wie beispielsweise klimatische Bedingungen) haben und die Ausscheidung betreffen.

Eine chronische Krankheit von längerer Dauer, die sich langsam entwickelt und bei der die Schmerzen (sofern sie überhaupt existieren) eher dumpf sind, ist vom *Typus Yin*. Es handelt sich dabei um eine Erkrankung, die einen inneren Ursprung (wie beispielsweise mangelnde Gesundheitsvorsorge oder Gemütsbewegungen) hat und häufig von chronischer Müdigkeit begleitet wird. Wir werden in den folgenden Kapiteln sehen, wie unterschiedliche Methoden für die durch einen Überschuß oder einen Mangel an Yin oder Yang herbeigeführten Probleme anzuwenden sind.

Die Lehre von den Fünf Elementen wurde in China gleichzeitig mit der Lehre von Yin und Yang im achten vorchristlichen Jahrhundert entdeckt; einigen chinesischen Philosophen zufolge soll die Lehre von Yin und Yang sogar noch viel älter sein. Bei der Beschäftigung mit Yin und Yang muß daher häufig auf die Fünf Elemente verwiesen werden. Diese beiden Theorien wurden schon sehr bald von den Taoisten in der Medizin, der Philosophie, der traditionellen Psychologie, in der Astronomie und Astrologie, in der Weissagekunst und auch in der Politik zur Anwendung gebracht. Yin und Yang liefern ein „Schwarzweißbild“ des Universums (mit allen Grauabstufungen), während die Lehre von den Fünf Elementen dem Verständnis des Universums zusätzliche Tiefe und Farbe verleiht.

Diese beiden Theorien sind eng mit dem Begriff des „Atems“ verbunden, dem *Chi*, das zeitgemäßer auch als „Energie“ bezeichnet wird und das Universum belebt. Die beiden Urenergien, aus Himmel und Erde hervorgegangen, sind:

Yin Chi, dem Wasser gleichend, das sich nach unten bewegt;

Yang Chi, dem Feuer gleichend, das sich nach oben bewegt.

Das Begriffszeichen für Yang stellt die Sonne dar, das Begriffszeichen für Yin den Mond. Diese beiden Lichter gehen im Osten auf, bewegen sich dann nach Süden und schließlich nach Westen. Nach der traditionellen Medizin befinden sich Yin und Yang im Gleichgewicht, und der Mensch muß diese beiden Kräfte in seinem Körper beherrschen lernen.

Yin 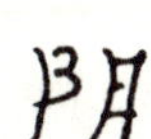

Yang 

Yang steigt wie das Feuer auf, es erwärmt und bringt Bewegung. Yin fällt wie Regenwasser herab, es kühlt ab und bringt Stillstand.

Die nachstehenden Begriffsbestimmungen für Yin und Yang dienen als Grundlage für die traditionelle chinesische Medizin wie auch die taoistische Philosophie: Demnach sind der Tag und die Sonne Yang, die Nacht und der Mond Yin. Im Altertum wurden selbst die chinesischen Uhrzeiten nach Yin und Yang bezeichnet, wie zum Beispiel *Yin Chun Yin,* die Mitternacht.

Im menschlichen Körper finden sich dieselben Entsprechungen wieder:

* Die Haut und die Oberfläche des Körpers sind Yang.
* Das Innere des Körpers und die Organe sind Yin.
* Die fünf lebenswichtigen Organe (Leber, Herz, Milz, Lungen, Nieren) sind Yin.
* Die fünf Eingeweide (Gallenblase, Dünndarm, Dickdarm, Magen, Harnblase) sind Yang.

Letztlich wird die Anwendung von Yin und Yang jedoch relativiert, denn es ist möglich, auch in den Yin-Organen mehr Yin und mehr Yang zu finden: Die Nieren sind im Verhältnis zum Herzen mehr Yin, das dadurch mehr Yang ist.

* Das Herz ist *Yang Chun Yang* (Yang im Yang der Organe).
* Die Lungen sind *Yang Chun Yin.*
* Die Nieren sind *Yin Chun Yin.*
* Die Leber ist *Yin Chun Yang.*

In dem alten klassischen Text der chinesischen Medizin, dem *Nei King,* sind Yin und Yang im Körper des Menschen unaufhörlich in Bewegung. Im Falle einer Erkrankung müssen diese beiden Kräfte genutzt werden, damit die Harmonie wiederhergestellt werden kann.

In den alten Abhandlungen werden die vier Entwicklungsstufen von Geburt, Leben, Krankheit und Tod als die „Kette der Dinge" bezeichnet. Nach dem *Nei King* müssen alle Menschen und Tiere, die auf der Erde leben, den Naturgesetzen folgen, um ihre Energie zu bewahren und gemeinsam das Yin und das Yang zu erhalten. Der Tod ist nichts anderes als die Trennung dieser beiden Urkräfte. Die beiden Energien von Himmel und Erde bewegen sich unaufhörlich, doch der Mensch hat Mühe, ihnen zu folgen. Die Energien von Yin und Yang können dem Therapeuten daher als Orientierung dienen, um präzise Fragen zu stellen und ebenso präzise Ratschläge zu erteilen.

* Die Energie des Himmels ist reines Yang.
* Die Energie der Erde ist reines Yin.
* Die Energie oder der Atem ist Yang.
* Die Form oder die Materie ist Yin.
* Das Äußere ist Yang.
* Das Innere ist Yin.
* Die Kraft ist Yang.
* Die Ernährung ist Yin.
* Die sieben Öffnungen des Gesichtes sind Yang.
* Die fünf Organe sind Yin.
* Die unreinen Yin-Ausscheidungen des Körpers: Fäkalien und Urin.
* Die reinen Ausscheidungen: Tränen, Schleim, Speichel.
* Chin Yang Chi: Schweiß, Luft, Wind (Blähungen).
* Chun Yin Chi: Speichel, Schleim, Blut.
* Chin Yang Chi: die reinen Ausscheidungen der Gliedmaßen und des Kopfes.
* Chun Yin Chi: die Exkremente des Körpers.

Auch in den Nahrungsmitteln und den energiespendenden Pflanzen sind Yin und Yang vorhanden: Der Geschmackssinn ist Yin im Verhältnis zum Geruchssinn, der Yang ist. Bei den Gerüchen ist der stärkste Yin und der schwächste Yang. Bei den Geschmacksrichtungen sind das Saure und das Bittere Yang, das Süße ist neutral, das Scharfe und das Salzige sind Yin.

Der Gebrauch von Yin und Yang in der traditionellen chinesischen Medizin steht in einem gewissen Widerspruch zu dem japanischen Ernährungssystem der Makrobiotik: Salz ist Yin, denn es stärkt dasjenige Organ des Körpers, das am meisten Yin ist – die Nieren, die „Yin in Yin" sind. Außerdem ist der salzige Geschmack verdichtend und schwer und kann daher – im Vergleich zu den anderen Geschmacksrichtungen – nur Yin sein. Die Form, und damit das Feststoffliche, ist Yin; die Energie, und damit das Feinstoffliche, ist Yang.

Die Fünf Elemente

Der Ursprung der offenbar sehr alten Lehre von den Fünf Elementen ist nicht genau bekannt; sie scheint in China bereits vor der Astrologie oder Medizin existiert zu haben. Man findet sie in klassischen Werken, wie dem *Chou King*, dem „Buch der Dokumente", erwähnt, aber nicht im *I Ging*, dem „Buch der Wandlungen".

Die Fünf Elemente sind: Metall, Wasser, Holz, Feuer und Erde. Nach dem *Nei King* sind die Fünf Elemente miteinander in der folgenden Reihenfolge verbunden: Metall bringt Wasser hervor, Wasser bringt Holz hervor, Holz bringt Feuer hervor, Feuer bringt Erde hervor. Dazu die zusammenfassende Erklärung: Feuer ergibt Asche (Erde), Holz ergibt Feuer (in den alten Kulturen wurde das Feuer durch Aneinanderreiben von Holzstücken gewonnen), Wasser ergibt Holz (das Wasser ist notwendig für das Wachstum und Überleben der Vegetation und damit auch von Holz), Metall ergibt Wasser (das Metall kann sich wie Wasser verflüssigen).

Nachfolgend wird eine Übersicht über die Fünf Elemente mit ihren wichtigsten Entsprechungen gegeben. Durch dieses Gesetz erklärt sich die gegenseitige Beeinflussung und Wechselwirkung aller Dinge im Makro- und Mikrokosmos. Wir berühren damit auch den Kernpunkt der chinesischen Energiebilanz, da sich hieraus konkrete Anhaltspunkte für die Diagnose ergeben. Die Fünf Elemente stehen in Verbindung mit Yin und Yang, den Himmelsrichtungen, den Jahreszeiten, den fünf Organen, Eingeweiden und Öffnungen des Körpers. Bereits durch die Hinzuziehung der Tabelle lassen sich bestimmte energetische Mangelzustände erschließen.

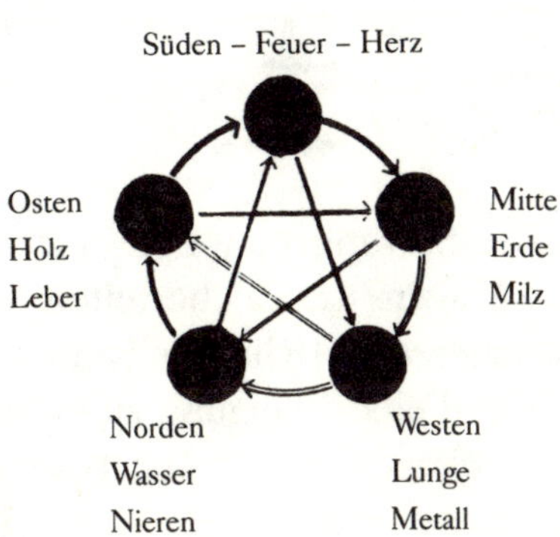

HOLZ 木

Gesundheitliche Störungen, welche die Energie von Leber und Gallenblase (Holz) betreffen, äußern sich in einer grüngelblichen Gesichtsfarbe, Problemen mit den Augen (Mückensehen, Sehschwäche usw.), Sehnenschmerzen (Krämpfe, Rheumatismus) und einer Neigung zum Zorn.

FEUER 火

Gesundheitliche Störungen, welche die Energie des Herzens und des Dünndarms (Feuer) betreffen, äußern sich in einer rötlichen Gesichtsfarbe, Kreislaufstörungen, Problemen mit dem sprachlichen Ausdruck (Zunge) und krankhafter Freude oder Beunruhigung.

ERDE 土

Gesundheitliche Störungen, welche die Energie der Milz und des Magens (Erde) betreffen, äußern sich durch Muskelschmerzen (Rheumatismus), schlechten Atem (Mund) und einer Neigung zu Grübeleien, die sich auf die Vergangenheit richten (Gewissensbisse, Vorwürfe, Melancholie).

METALL 金

Gesundheitliche Störungen, welche die Energie der Lunge und des Dickdarms (Metall) betreffen, äußern sich in Hautkrankheiten, Problemen mit der Nase (Schnupfen, Nasennebenhöhlenentzündung, verstopfte Nase) und in Traurigkeit, die häufig von Tränen begleitet ist.

WASSER 水

Gesundheitliche Störungen, welche die Energie der Nieren und der Blase (Wasser) betreffen, äußern sich in Problemen mit den Knochen, Haarausfall, Ohrensausen oder -pfeifen und einem ängstlichen Verhalten.

Das Gleichgewicht zwischen den Fünf Elementen wird durch die Harmonie der folgenden Emotionen hergestellt:

* Die Lebensfreude kommt aus dem Herzen.
* Beständigkeit und Sympathie kommen aus der Milz.
* Mitgefühl kommt aus der Lunge.
* Kluge Vorsicht kommt aus den Nieren.
* Der Wunsch, entschlossen zu handeln, kommt aus der Leber.

Entsprechungen der Fünf Elemente oder Fünf Bewegungen

Bewegung	*Organ*	*Eingeweide*	*klimatische Energie*	*Sinnesorgan*	*Gewebe*	*Empfindung*	*Farbe*	*Geschmack*
Holz	Leber	Gallenblase	Wind	Augen	Nerven/ Sehnen	Zorn	Blau	Sauer
Feuer	Herz	Dünndarm	Wärme/Feuer	Zunge	Arterien/ Blut	Freude	Rot	Bitter
Erde	Milz	Magen	Feuchtigkeit	Mund	Fleisch/ Muskeln	Nachdenk- lichkeit	Gelb	Süß
Metall	Lunge	Dickdarm	Trockenheit	Nase	Körper- behaarung	Kummer	Weiß	Scharf
Wasser	Nieren	Harnblase	Kälte	Ohr	Haare/ Knochen	Angst	Schwarz	Salzig

Anmerkung zu der Tabelle:
Das Feuer schließt auch den „Meister des Herzens“ und das System der „drei brennenden Räume“ ein und wird in diesem Zusammenhang als „Diener-Feuer“ bezeichnet, während das Herz und der Dünndarm „Lenker-Feuer“ genannt werden.

Bei den *Nieren* wird zwischen Yin-Nieren und Yang-Nieren unterschieden. Die Yang-Nieren sind das Feuer der ursprünglichen Energie, die von den Ahnen kommt *(Yuang Chi)* und in enger Verbindung mit der individuellen Lebenskraft, der Sexualität und Langlebigkeit steht. Die Yin-Nieren entsprechen der Ausscheidungsfunktion der Nieren.

Energiestörungen

Für die chinesischen Taoisten gibt es zwei hauptsächliche Ursachen für Energiestörungen:

Störungen, die von außen kommen
Dabei können klimatische Extreme der Jahreszeiten bei einem geschwächten Körper folgende Störungen hervorrufen:

* Übermäßiger Wind greift die Leber an.
* Übermäßige Hitze greift das Herz an.
* Übermäßige Feuchtigkeit greift die Milz an.
* Übermäßige Trockenheit greift die Lunge an.
* Übermäßige Kälte greift die Nieren an.

Störungen, die von innen kommen
Ist eine der Emotionen im Übermaß vorhanden, so ruft dies psychosomatische Störungen bis hin zu chronischen Unausgewogenheiten hervor – Zorn, Freude, Melancholoie, Traurigkeit und Angst.

Eine Minderung der Energie kann auch durch solche Einflüsse wie unzureichende Ernährung, Luftmangel, physische Blockierungen (wie Steifheit der Glieder, mangelnde Gelenkigkeit) oder soziale Faktoren (wie Umweltverschmutzung, Großkantinen) verursacht werden.

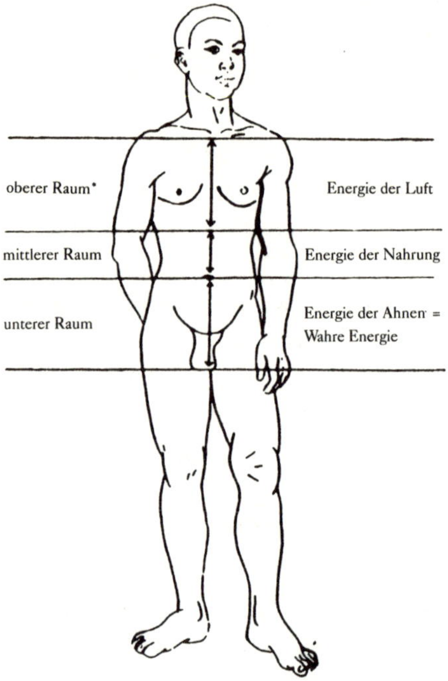

* Der Raum *(tsiao)* entspricht einem Bereich der Ansammlung und Umwandlung von Energie.

Alle in den folgenden Kapiteln dargestellten Methoden haben das Ziel, die Entwicklung einer kraftvollen Lebensenergie zu fördern, die bei den Chinesen *Chi* (japanisch *Ki*) genannt wird. Wie aber bildet sich das *Chi* in unserem Körper?

Bei seiner Geburt wird dem Menschen die Energie

seiner Vorfahren, *das Yuan Chi*, vererbt. Diese Energie hat ihren Sitz im Unterleib, von wo aus sie sich sparsam im Laufe des Lebens verteilt, bis sie erschöpft ist. Sie stellt unser „Kapital“ an Vitalität dar und darf auf keinen Fall durch übermäßige Erschöpfung, lange Krankheiten oder übertriebenes Fasten verschwendet werden.

Die vererbte Energie vermischt sich, wie auf der obenstehenden Darstellung angegeben, mit der durch die Nahrung und die Atmung zugeführten Energie. Mittels dieser beiden letztgenannten Faktoren werden wir nun versuchen, von Grund auf eine kraftvolle und beständige Energie aufzubauen, damit wir die natürliche Gesundheit der frühen Taoisten wiederentdecken können.

Die Gesichtsform und die Fünf Elemente

Das Studium des Gesichtes und der sieben oberen Körperöffnungen stellt eine wertvolle Hilfe für die chinesische Diagnostik dar.

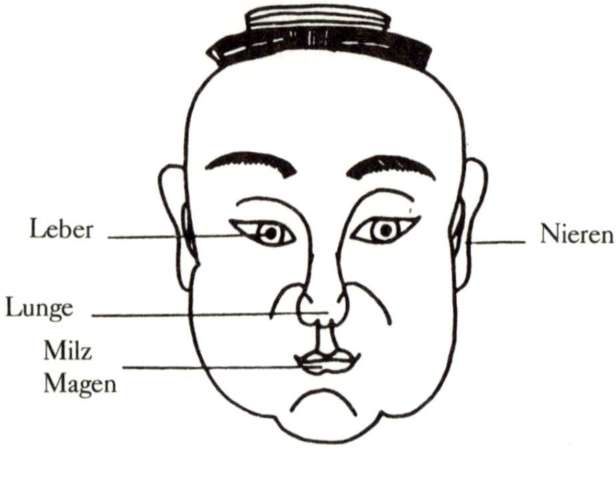

Die Gesichtsfarbe

Sie sollte harmonisch, das heißt, von einem rosigen, leicht gebräunten Ton und gut durchblutet sein.

Die Augen

Die Augen sind der Spiegel der Seele; sie enthüllen das Shen, die Kraft des Geistes. Sie sollten daher strahlend sein.

Rote Augen zeigen ein Problem mit der Leber an; das gleiche gilt auch, wenn man verschwommen oder "Mücken" sieht.

Die Ohren

Im Idealfall sind die Ohren groß und kräftig. Ein langes und kräftiges Ohrläppchen, wie es auch Buddha hatte, zeigt große Vitalität und Weisheit an.

Ohrensausen und Erkrankungen des Ohres sind ein Hinweis auf Nierenschwäche.

Die Nase

Die Nase steht in Verbindung mit der Lunge. Sie sollte große Nasenlöcher haben und weich bleiben, wenn sie massiert wird.

Der Mund

Abweichend von der westlichen Naturheilkunde, sollte der Mund klein sein. Lippen von kräftiger Farbe sind ein Zeichen für Vitalität.

Mundgeruch und ein trockener Mund sind ein Hinweis auf eine Schwäche des Verdauungssystems und das Vorhandensein von Hitze im Magen.

Die Hände und die Gesundheit

Das Studium der Hände, die Chirologie, gehört zu den großen traditionellen Wissenschaften Chinas. Sie ermöglicht es, das physische und psychologische Profil (beide sind eng miteinander verbunden) eines Menschen zu erstellen.

Die vitale Widerstandskraft

Die vitale Widerstandskraft und der Energiezustand können daraus erschlossen werden, wie die Haut der Hände beschaffen ist und welche Farbe die Finger haben.

Eine kräftige Vitalität und gute nervliche Reserven lassen die Finger gerötet und glänzend erscheinen. Trockene und farblose Finger zeigen dagegen eine chronische Erschöpfung an.

Die Langlebigkeit

Eine gute Anlage für Langlebigkeit enthüllt sich durch die folgenden Zeichen:

* gerötete und glänzende Finger
* dicke und kräftige Fingernägel
* der „Palast des Himmels" ist erhöht (siehe Zeichnung)
* die Handlinien sind tief und deutlich gezeichnet
* auf dem „Palast des Berges" (siehe Zeichnung) fehlt das weiße Rechteck.

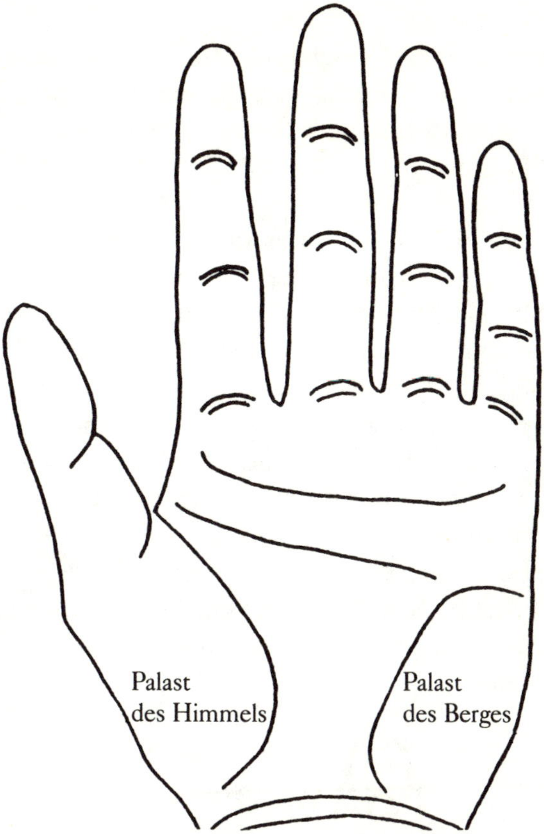

Die Handgelenke

Wenn sie breit und kräftig sind, so zeigt dies eine gute Widerstandskraft gegenüber klimatischen Belastungen, andererseits aber eine gewisse geistige Trägheit an. Schmale, feingliedrige Handgelenke weisen auf körperliche Schwäche und Anfälligkeit, aber geistige Beweglichkeit hin.

Die Fingernägel

Wenn die Nägel weich und dünn sind, so weist dies auf schwache Vitalität und mangelnden Mut hin. Schon vom Morgen an äußert sich Müdigkeit und Erschöpfung.

Im Gegensatz zur Meinung vieler zeitgenössischer Naturheilkundler scheint es sich nicht um ein günstiges Zeichen zu handeln, wenn am unteren Nagelende ein halbmondförmiges weißes Feld vorhanden ist.

Die Nägel stellen auch eine Art „Sichtfenster" für die Beschaffenheit des Blutes dar: Ein schlechter oder anämischer Zustand des Blutes äußert sich in einer sehr blassen, fast weißen Farbe unter den Nägeln; dies weist gleichzeitig auch auf eine mangelhafte Funktionsweise der Milz hin.

Weiße Punkte auf der Nageloberfläche zeigen eine Schwäche der Knochen sowie der Nieren an und eine zu starke Aufnahme von Zucker oder chemischen Medikamenten.

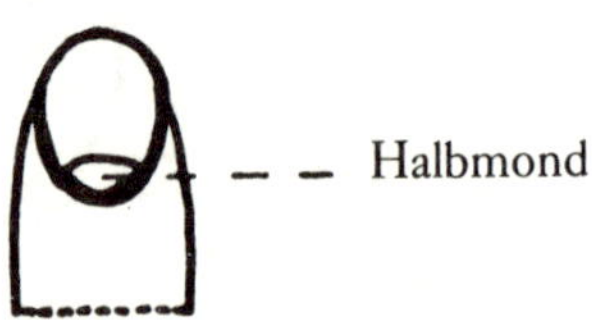

Die Finger

Der zum Mittelfinger hin gebogene Zeigefinger zeigt Augenprobleme an, vor allem in der Kindheit.

Wenn Mittelfinger und Ringfinger gekrümmt sind, so ist dies ein Hinweis auf Kreislaufprobleme in den Beinen.

Kapitel I

Die natürliche Ernährung nach dem Tao

„Im Altertum lebten die Menschen nach dem Tao. Sie folgten den Regeln von Yang und Yin, sie waren maßvoll, aufmerksam und einfach. Auf diese Weise, da sie die Gesundheit des Körpers und des Geistes bewahrten, lebten sie hundert Jahre. In unseren Tagen trinken die Menschen Alkohol wie Wasser, suchen nach allen Vergnügungen und leben nur fünfzig Jahre."

Nei King – So Ouenn
(ca. 500 v. Chr.)

Die Energie der Nahrung

Wenn die Nahrung, die von materieller Beschaffenheit und daher Yin ist, in den Magen gelangt, wird sie unter dem Einfluß der „Energie der Ahnen" (siehe Seite 24/25) umgewandelt. Die hierbei entstehende Energie, als *Kou Chi* bezeichnet, wird dann zur Lunge gelenkt, wo sie sich mit der Essenz der Atmung vermischt, um *Chen Chi*, die „wahre Energie" zu bilden. Diese wahre Energie wird dann zu den lebenswichtigen Organen gelenkt, um diese zu nähren, sowie zur Haut, um den Körper gegenüber klimatischen Einflüssen zu schützen.

Wir spüren, wie wichtig es ist, den Körper mit einer qualitativ guten Energie zu versehen, die besser dazu geeignet ist, ihn auch vor Krankheiten zu verteidigen und ihn in einen Zustand zu versetzen, wo sich die Emotionen und der Tonus im Gleichgewicht befinden. Deshalb heißt es in der „Bibel“ der chinesischen Medizin, dem berühmten *Nei King:* „Schlechte Ernährung kann Körper und Geist schädigen.“

Die Bedingungen für eine gute Ernährung

Jedes Nahrungsmittel, das wir verdauen, hat eine kräftigende (Yang) oder zerstreuende (Yin) Wirkung auf die Vitalenergie und deren Harmonie im Körper. Außerdem müssen die fünf lebenswichtigen Organe so ernährt werden, daß sie die fünf Geschmacksrichtungen – das Saure, das Bittere, das Süße, das Scharfe und das Salzige – in ausgewogener Form aufnehmen.

Wenn einem der Organe der ihm zugehörige Geschmack fehlt, meldet es sich in Form von Hunger, der eine Spannung im Körper hervorrufen wird; das betreffende Organ wird seine Arbeit nicht mehr auf normale Weise leisten können. Wenn beispielsweise der bittere Geschmack in der Nahrung nur unzureichend vorhanden ist, kann die Energie des Herzens nicht genährt werden, so daß dieses erkrankt.

Wenn dagegen ein Geschmack oder auch alle Geschmacksrichtungen im Übermaß vorhanden sind, können sich daraus gravierende Störungen, wie beispielsweise Blut- und Wasserandrang, ergeben.

Ein Übermaß an salzigem Geschmack (zuviel Salz) schadet der Gesundheit der Nieren, wie auch die abendländische Medizin bestätigt.

Im *Nei King* heißt es: „Der Schlaganfall, die Lähmung und die Überfülle an Energie, die bei gutsituierten Dickleibigen plötzlich eintreten, sind auf eine üppige Lebensweise und auf eine zu reichliche Ernährung zurückzuführen, die den mittleren Raum (Milz, Magen, Leber, Gallenblase) erschöpft."

Wir alle (zumindest die Krankenversicherungen) wissen, daß die Gesundheit umgekehrt proportional zum Körpergewicht ist!

Die Folgen von Unmäßigkeit in der Ernährung

Da wir in einer Zeit leben, in der Nahrung zumindest quantitativ, wenn auch nicht unbedingt qualitativ im Überfluß vorhanden ist, wollen wir, bevor wir die Grundlagen einer idealen Ernährung darlegen, zunächst auf die Folgen von Unmäßigkeit eingehen:

Die übertriebene Aufnahme von Nahrungsmitteln des sauren Geschmacks (zum Beispiel ungekochte Pflanzen, wie Löwenzahn oder Weizen, und Geflügel) greift die Leber und die Milz an. Der Betreffende wird cholerisch, übellaunig und leidet unter Muskelkrämpfen. In einem zweiten Stadium kommt es zu Magenkrämpfen, die zu der Bildung von Magengeschwüren führen können.

Die übertriebene Aufnahme von Nahrungsmitteln des bitteren Geschmacks (zum Beispiel Bohnen, Schweinefleisch oder Pflanzen wie Enzian usw.) greift das Herz und dann die Lunge an. Dies kann zu einer starken Beschleunigung der Herztätigkeit, dann zu Schlagaderentzündung und schließlich zu chronischer Bronchitis führen.

Die übertriebene Aufnahme von Nahrungsmitteln des süßen Geschmacks (zum Beispiel Zucker, Kuchen und Süßigkeiten, süße Früchte, Mais, Rindfleisch) greift die Milz und dann die Nieren an. Gastritis, Diabetes, Ausscheidung von Zucker im Harn, Nierenbeschwerden und Impotenz können die Folge sein.

Die übertriebene Aufnahme von Nahrungsmitteln des scharfen Geschmacks (zum Beispiel alkoholische Getränke, Hafer, Pferdefleisch) greift die Lunge und die Leber an. Dadurch kann es zu Hautkrankheiten, Bronchitis, Zirrhose und Zittern kommen.

Die übertriebene Aufnahme von Nahrungsmitteln des salzigen Geschmacks (zum Beispiel Salz, Hirse, Schweinefleisch) ist schädlich für die Nieren und das Herz. Die Folgen davon können Ohrensausen, Ausscheidung von Eiweiß im Harn, Nierenentzündung und Infarkte sein.

Außerdem lassen sich die Nahrungsmittel nach ihrer Yin- oder Yang-Wirkung auf den Körper einteilen. Von einer Yang-Wirkung spricht man, wenn sie dem Körper Energie und Wärme geben, bei Materie und Kälte dagegen von einer Yin-Wirkung. Die chinesische Ernährungslehre beschäftigt sich in erster Linie damit, ein Übermaß in irgendeiner Richtung zu vermeiden.

Die übermäßige Aufnahme von Nahrungsmitteln mit Yin-Wirkung

In diese Kategorie fallen kalte Getränke, Eis, aber auch Nahrungsmittel, die für sehr warme Länder bestimmt sind und schlecht zu unserem gemäßigten Klima passen: tropische Früchte, wie Apfelsinen, Zitronen, Ananas, Avocado; außerdem zuviel Rohkost und Süßigkeiten.

Alle diese Nahrungsmittel bringen Kälte in das Verdauungssystem und rufen Symptome wie Frösteln, Durchfall, Verlust von Mineralien im Körper, Eingeweidesenkung und Erschöpfung hervor.

Die übermäßige Aufnahme von Nahrungsmitteln mit Yang-Wirkung

In diese Kategorie fallen die allzu erwärmenden und scharfen Nahrungsmittel. Sie rufen eine vorübergehende Stimulation hervor, wobei die Energie rasch verbrannt wird, was eine angenehme Empfindung auslöst. Auf diese folgt jedoch bald ein Zustand der Mattigkeit, der nach dem Verzehr weiterer Anregungsmittel verlangt. Hierzu gehören: Alkohol in jeder Form, scharfe Gewürze, rotes Fleisch, Wurstwaren und Käse mit kräftigem Geschmack.

Dadurch wird zwar das Verdauungssystem angeregt und gekräftigt, die Gefäße werden jedoch verunreinigt. Verstopfung, Kopfschmerzen, Leberbeschwerden, Nierenschwäche und Schlaganfall können die Folge sein.

Fehler in der Ernährung führen somit durch den übermäßigen Verzehr von Nahrungsmitteln mit Yin- oder Yang-Wirkung zu einer Übersättigung und Verunreinigung des Organismus sowie, wie bereits im Kapitel über „Energiestörungen" erwähnt, zu Krankheiten vom Typus „Yin-innerlich", die zu den schwersten gehören.

Diese Fehler bei der Auswahl der Nahrung wirken sich auch auf jedes der Fünf Elemente im Körper und auf das Gleichgewicht zwischen Yin und Yang aus. Damit haben Ernährungsfehler einen Einfluß auf alle Erfahrungsebenen des Menschen: die körperliche, die emotionale, die psychologische, die mentale – ja sogar die spirituelle.

Aus diesem Grunde war in China die Ernährung der buddhistischen oder taoistischen Wahrheitssucher festgelegt, wenn auch in einer weniger sektiererischen Form als in anderen Traditionen. Das Tao, der Weg, hat an jeder Erscheinung des Lebens teil, zwingt jedoch niemals zu etwas, denn auch eine dogmatische und sektiererische Einstellung – ob sie sich nun auf die Ernährung oder etwas anderes bezieht – ist unmäßig und stört das Gleichgewicht!

Die Nahrung für ein langes Leben

Somit sind die Voraussetzungen für eine gute Ernährung:

* eine maßvolle Menge von Speisen (man sollte immer etwas weniger essen, als man Hunger hat);
* eine ausreichende Vielfalt nach dem Angebot der Jahreszeiten und vor allem im Hinblick auf die Geschmacksrichtungen;
* eine der Jahreszeit entsprechende Ernährung, um die Verwendung von Konserven und Tiefkühlprodukten zu vermeiden;
* der Verzicht auf importierte oder exotische Nahrungsmittel, die für unsere Bedürfnisse ungeeignet sind, wie Apfelsinen, Pampelmusen, Ananas, scharfe Gewürze;
* nicht zu vergessen ist, daß der Reis als einziges Getreide die Energie von Yin und Yang enthält; er ist daher vollkommen ausgewogen, und sein Verzehr trägt zur Harmonie zwischen den Energien bei;
* das Gesetz von Yin und Yang ist anzuwenden, das heißt, jedes Übermaß ist zu vermeiden.

  Im Falle von Yang: zu stark gewürzte Nahrungsmittel (Pfeffer, Paprika, Curry, Senf usw.) oder zu schwere und fette (rotes Fleisch, Vollmilch usw.).

  Im Falle von Yin: kalte Getränke, tropische Früchte, gekochtes oder mit Wasser vollgesogenes Gemüse.
* Nahrungsmittel, die durch Raffinieren verändert

worden sind, wie weißer Zucker, gebleichtes Salz, von Kleie befreites Mehl, vorgekochte Rote Beten und alle künstlichen Nahrungsmittel sind ebenfalls zu meiden;

* das Gleichgewicht von Yin und Yang muß ebenso beachtet werden wie die richtige Verteilung der fünf Geschmacksrichtungen.

Die Ernährung nach dem Tao

Diese Diät besteht in einer Ernährungsweise, die es ermöglicht, die Qualität der Energie zu erhöhen und die Zusammensetzung des Blutes zu verbessern. Sie wendet sich

* an alle, die sich eine gute Vitalität erhalten wollen;
* an Praktizierende von Yoga und Tai Chi Chuan;
* an alle mit einer weitverbreiteten chronischen Krankheit, wie Rheumatismus, Herzleiden, Nierenbeschwerden, chronische Erschöpfung und Depression u.a.

Die Ernährungsweise nach dem Tao muß mindestens mehrere Wochen, wenn nicht Monate zur Anwendung kommen, damit die dadurch erreichten Ergebnisse sich festigen können. Nach und nach wird sich das Blut reinigen. Gelegentlich können kleine Reaktionen einer Entgiftung auftreten; man sollte sich nicht darüber erschrecken, sie jedoch zur Kenntnis nehmen.

Allgemeine Richtlinien

* Nur dann essen, wenn man Hunger hat
* nur natürliche Nahrungsmittel essen
* ungefähr 50% Getreide, 30% Gemüse, 10% Geflügel und Fisch und 10% Diverses verzehren
* jeden Bissen sorgfältig kauen
* niemals übermäßig viel essen
* nicht soviel Flüssigkeit zu sich nehmen
* tief atmen.

Empfohlene Nahrungsmittel

* Alle Vollwertgetreide (wie Reis, Weizen, Gerste, Bulgur, Buchweizen, Hirse, Mais, Roggen) in jeder Form, als ganzes Korn, Brot, Keks, Nudeln, Mehl, Schrot usw.
* alle Gemüse der jeweiligen Jahreszeit, vor allem Wurzelgemüse, wie Mohrrüben, Rettich, Rote Beten, aber auch Kohl, Fenchel usw.
* Linsen und getrocknete Erbsen
* Meeresalgen
* Früchte aus der Region (in Maßen), vorzugsweise gedünstet
* Ölfrüchte, vorzugsweise leicht geröstet: Walnüsse, Mandeln, Haselnüsse
* Magerjoghurt (20% oder weniger Fettgehalt)
* nicht erhitzter Honig
* Kräutertees und chinesische Tees (teeinhaltig)
* pflanzliche Öle und Butter, vorzugsweise aus Sesam- oder Sonnenblumenöl
* frische und magere Käsesorten (weniger als 20% Fettgehalt)

* Eier (vorzugsweise das Eigelb) als Rührei oder Omelette
* nicht raffiniertes Meersalz, Sesamsaat, Sojasauce
* alle Trockenfrüchte, wie Rosinen oder Feigen
* wilde und Gewürzkräuter
* Obstsäfte, aus Früchten der Region gepreßt (in Maßen).

Nahrungsmittel zum gelegentlichen Verzehr

* Fisch, fettarm mit weißem Fleisch: Seezunge, Merlan, Hechtdorsch
* Meeresfrüchte, außer Krabben
* Geflügel mit weißem Fleisch, wie Huhn und Pute
* Wildvögel, wie Taube und Wachtel
* entrahmte Milch
* fettarme Butter
* Sojakeime

Nahrungsmittel, von denen abgeraten wird

* Raffinierte und verarbeitete Nahrungsmittel, zum Beispiel weißer Zucker, gebleichtes Salz, Kuchen mit Farbstoff usw.
* gebleichtes Getreide, zum Beispiel enthalten in Weißbrot, Pizzateig, herkömmlichen Hartweizennudeln und Backwaren
* fritierte Speisen
* Kaffee, Alkohol, Tabak, Schokolade und Süßigkeiten
* scharfe Gewürze, Mineralsalz, Senf, Essig
* weißer oder brauner Zucker
* Fleisch vom Schwein, Rind, Hammel und Lamm

* Fisch mit rotem Fleisch: Lachs, Makrele, Thunfisch
* Kartoffeln, Tomaten, Auberginen, Rhabarber und Spinat
* Milch, Käse, Joghurt, gebratene oder harte Eier
* tierische Fette, wie Schmalz
* exotische oder tropische Früchte: Zitronen, Ananas, Bananen usw.
* kaltc Getränke: Sirup, kaltes Wasser, Apfelwein; Eis.

Wenn während des ersten Monats, in dem man diese Diät befolgt, anormale Schmerzen verspürt werden, sollte man diese sorgfältig zur Kenntnis nehmen; sie zeigen die Ausscheidung von Giften an.

In seltenen Fällen kann sich die Periode um mehrere Monate verzögern.

Bei schweren Krankheiten raten wir:

* völlig auf Zucker zu verzichten
* völlig auf Salz zu verzichten
* völlig auf tropische Früchte zu verzichten
* völlig auf kalte Getränke und Eis zu verzichten.

Menü-Vorschläge

Frühstück	*Mittagessen*	*Abendessen*
1. Tag		
grüner Tee Vollkornbrot & pflanzlicher Brotaufstrich	gedünsteter Möhrensalat Couscous & Hühnchen Gemüse Vollwertkeks & Kompott	Trockenobst Hirsepolenta & gedünstete Zwiebeln Magerjoghurt
2. Tag		
Müsli aus Getreideflocken, Rosinen, etwas Kompott, Sesam- saat & Mandeln	Rohkost aus Rettich und Kohl Vollreis & Champignons selbstgebackener Kuchen	Gemüsesuppe Couscous (Körner) & Gemüse Kirschkuchen
3. Tag		
Malzkaffee Vollkornbrot & pflanzlicher Brotaufstrich	Kräuteromelette & Pilpil Bratäpfel	Gemüsesuppe Soja mit Maispolenta Eierkuchen mit Mandelmilch

usw.

Getränke: Thymian- und Rosmarintee außerhalb der Mahlzeiten

Die Wirkungen

* Regulierung des Gleichgewichtes im Blut
* Zunahme an Energie
* bessere Abwehr gegenüber Krankheiten
* Harmonisierung des Gewichtes, je nachdem Gewichtszu- oder -abnahme (bei starkem Übergewicht etwa 2 kg Gewichtsabnahme je 15 kg Körpergewicht).

Nach den Aussagen der alten Texte können durch die strenge Ernährungsweise nach dem Tao zahlreiche chronische Krankheiten zumindest verbessert werden, wie beispielsweise Asthma, Eiweiß im Harn, zu hoher Cholesterinspiegel, Ekzeme, Zellulitis (Hautzellenentzündung), Durchfälle und Verstopfung, Hämorrhoiden, Magen- und Herzbeschwerden, Rheumatismus, Arthrose, Schlaflosigkeit u.a.

Die Wiederherstellung einer guten Gesundheit läßt sich an den folgenden Zeichen erkennen:

* regelmäßiger Stuhlgang ein- oder zweimal täglich
* regelmäßiger Appetit
* das Fehlen von chronischen Schmerzen
* eine natürliche Gelenkigkeit
* ein leichter Schlaf, der zwischen sieben bis neun Stunden anhält
* eine Art von natürlicher Heiterkeit.

Die Eigenschaften der Nahrungsmittel nach der chinesischen Naturheilkunst

Es folgt nun eine Übersicht über gängige Nahrungsmittel und ihre Eigenschaften nach der jahrtausendealten Erfahrung der traditionellen chinesischen Medizin. Wir dürfen jedoch nicht vergessen, daß die beste Nahrung immer diejenige ist, die dort erzeugt wird, wo wir leben, und daß die exotischen Leckereien Festtagen vorbehalten bleiben sollten.

Agar-Agar

Diese weiße Alge, die von Natur aus einen neutralen und recht faden Geschmack hat, wird am besten in Salat oder als Bindemittel von Saucen verzehrt, nachdem sie vorher zwanzig Minuten in Wasser eingeweicht wurde. Sie stärkt die Eingeweide, wenn diese zu Verdauungsschwäche neigen.

Algen

Die Chinesen essen verschiedene Algensorten, die man auch im Westen in chinesischen Lebensmittelläden oder Naturkostläden erwerben kann. Die Algen werden wie grüne Bohnen zubereitet und als Begleitgericht zu Getreide oder Gemüse gegessen. Sie haben einen sehr kräftigen Geschmack und Geruch nach Jod, besitzen jedoch solche den Organismus kräftigenden Eigenschaften, daß sie für eine ausgewogene Ernährung nahezu unentbehrlich sind. Die Algen haben eine anregende Wirkung auf die innere Drüsentätigkeit und erleichtern die Ausscheidung durch Stärkung der Nierenenergie. Außerdem wirken sie der Zellulitis entgegen und kräftigen die Knochen.

Anis

Die Anissamen, die häufig als Gewürz verwendet werden, erwärmen den Körper und wirken anregend. Sie sind wirksam gegen Blähungen, regen die Nieren an und erwärmen die Geschlechtsorgane. Die Chinesen schreiben die gleichen Eigenschaften auch dem Sternanis (Badian) und dem Fenchel zu.

Apfel

Äpfel, in Maßen verzehrt, stärken den Organismus, wirken ausgleichend auf die Gedärme und erleichtern den Schlaf. Es ist besser, sie etwas zu kochen und Kompott daraus zu machen. Werden sie im Übermaß genossen, so wirken sie sich nachteilig auf den Kreislauf aus, der dadurch verlangsamt wird (Yin-Wirkung von Früchten).

Aprikose

Das *Pen Tsao,* der Klassiker der chinesischen Kräuter und Arzneipflanzen, warnt vor einem übermäßigen Verzehr von Aprikosen (beispielsweise 1 kg pro Tag), da er zu Problemen mit den Knochen, Augenschwäche und Haarausfall führen soll. Werden sie jedoch in maßvoller Menge gegessen, stärken sie das Herz und das Blut. In getrocknetem Zustand bekämpfen sie Fieber und beschleunigen die Rekonvaleszenz nach Erkrankungen.

Aubergine

Die Aubergine wird in China als ein Nahrungsmittel angesehen, dessen Wirkungen eher schädlich als nützlich sind. Durch biochemische Analysen im Westen wurde entdeckt, daß die Aubergine - wie die Nachtschattengewächse - das giftige Alkaloid Solanin enthält.

Bambussprossen

In rohem Zustand sollten Bambussprossen nicht verzehrt werden. Gedünstet haben sie einen angenehmen Geschmack und eine stärkende Wirkung; sie passen gut zu Huhn.

Birne

Die Rinde des Baumes wird in China, wo es viele Birnbäume gibt, zur Wahrsagekunst verwendet. Durch den übermäßigen Verzehr von Birnen wird die Entstehung von Fieber unterstützt. Wie alle Früchte, stärkt die Birne die Lunge und wirkt beruhigend bei Angstzuständen.

Bohnen

In China gibt es eine Reihe verschiedener Bohnensorten. Die grünen Bohnen werden wegen ihrer erweichenden und erfrischenden Eigenschaften geschätzt. Die roten Bohnen haben (vorausgesetzt, daß man nicht zu viel davon ißt) eine stärkende Wirkung auf den Körper. Sie sind in Naturkostläden oder Reformhäusern unter ihrem japanischen Namen *Aduki*-Bohnen erhältlich.

Chicorée (Salatzichorie)

Frischer Chicoréesalat hat durch seinen bitteren und sauren Geschmack eine nährende Wirkung auf die Leber, sollte jedoch nicht im Übermaß verzehrt werden. Er wird am besten im Frühling gegessen und kann in einer Pfanne leicht angewärmt werden.

Datteln

Datteln stärken den Magen und beheben Müdigkeit und Erschöpfung. Sie werden auch als Abkochung verwendet (siehe das folgende Kapitel über die chinesischen Kräuter und Tonika). In China gibt es eine Sorte roter Datteln namens *Jujube,* die auch bei uns in Spezialläden erhältlich sind; sie haben eine beruhigende Wirkung auf die Nerven und den Schlaf.

Fenchel

Siehe unter Anis.

Getreide

Getreide wird von den frühen Taoisten der östlichen Medizin als Grundnahrungsmittel des Menschen betrachtet. Es nährt die Energie der fünf traditionellen Organe: Leber, Herz, Milz, Lunge und Nieren. Es stimmt – und dies ist das Hauptargument der Gegner von Getreide –, daß der Mensch nicht immer Anbau betreiben mußte, um zu überleben; doch die Bedingungen des gemäßigten Klimas und die Seßhaftigkeit haben den Anbau lebensnotwendig gemacht. Außerdem scheint das Getreide im gegenwärtigen Stadium als Nahrungsmittel weitaus vollkommener als beispielsweise Fleisch zu sein, das für die Konservierung ungeeignet ist, in seinen Bestandteilen nicht ausgewogen und den Organismus belastet.

Unter allen Getreiden entspricht der Reis traditionell dem Element Erde. Er enthält alles, was für die Gesundheit notwendig ist, und kann vom Organismus in hohem Maße assimiliert werden. Er beruhigt die Nerven, regt die Verdauung an und wirkt erwärmend auf den Körper.

Selbstverständlich raten wir ausschließlich zum Verzehr von Vollwertgetreiden, die ohne Verwendung von chemischen Düngemitteln angebaut worden sind.

Die einzelnen Getreidesorten haben die folgenden Eigenschaften:

* Gerste beruhigt und stärkt.
* Hafer erwärmt und wirkt anregend.
* Weizen nährt die Muskeln.
* Mais wirkt kräftigend auf das Blut.
* Hirse stärkt die Milz.

Es empfiehlt sich, sich mit den verschiedenen Getreidesorten abzuwechseln und sie auf unterschiedliche Weise zuzubereiten, zum Beispiel in Form von Flocken, Nudeln, Brot oder als Brei gekocht.

Gewürznelke

Die chinesische Gewürznelke unterscheidet sich nicht von derjenigen Sorte, die wir in unseren Lebensmittelläden finden können. Sie hat erwärmende, anregende und magenstärkende Eigenschaften, hilft gegen Blähungen und bei Anämie. Sie ist sehr wirksam bei einer schwerfälligen Verdauung und bei Erbrechen. Es wird empfohlen, von Zeit zu Zeit nach dem Essen auf einer Gewürznelke zu kauen; dies reinigt den Atem und regt die Verdauung an.

Ginseng

Im nächsten Kapitel über die chinesischen Heilkräuter ist dem Ginseng ein ganzer Abschnitt gewidmet. Es sei hier angemerkt, daß er in China auch manchmal in Suppen als Mittel gegen Erschöpfung, Anämie und Impotenz verwendet wird.

Ginseng ist erhältlich als Wurzel, die als Abkochung zuzubereiten ist, als löslicher Tee, in Form von Likör, als Pulver, das mit Wasser verdünnt wird, oder in Form von Gelatinekapseln. Er ist vorzugsweise in Verbindung mit anderen Kräutern zu verwenden.

Glasnudeln, chinesische

Diese feinen Fadennudeln (Vermicelli), die sehr bekömmlich und leicht verdaulich sind, bestehen zum Teil aus Sojamehl und haben dieselben Eigenschaften wie dieses. Sie sind in chinesischen Läden oder den ostasiatischen Lebensmittelabteilungen von Kaufhäusern erhältlich.

Gurken

Wenn Gurken in Maßen verzehrt werden, so haben sie eine erfrischende bis kühlende Wirkung und regen die Harnausscheidung an. Werden sie übermäßig gegessen, besteht dagegen die Gefahr, daß sie Durchfall auslösen und rheumatische Beschwerden hervorrufen.

Haselnüsse

Der Verzehr von Haselnüssen wird als wohltuend für die Gesundheit angesehen. Sie lindern rasch den Hunger, regen die Verdauung an und erleichtern die Atmung.

Hundertjähriges Ei

Das Hundertjährige Ei, oft abwertend auch als „faules Ei" bezeichnet, wird aus Enteneiern zubereitet, die zu Konservierungszwecken mit natürlichen Mitteln behandelt werden. Es hat einen sehr kräftigen Geschmack und tonisierende Eigenschaften, die sich – glaubt man der traditionellen chinesischen Medizin – besonders auf die männliche Potenz auswirken. Das Hundertjährige Ei ist in chinesischen Lebensmittelläden erhältlich.

Ingwer

Dieses Gewürz ist sowohl in Pulverform als auch als Wurzel (Form einer Kartoffelknolle) in asiatischen Lebensmittelläden erhältlich. Ingwer führt dem Organismus Yang-Energie zu, regt die Verdauungsfunktionen an und bekämpft wirksam Erkältungen. Im

Winter kann man heißen Kräutertees eine Messerspitze pulverisierten Ingwer hinzufügen; auf diese Weise werden die Heilkräfte der Teekräuter verstärkt.

Kartoffel

Bei der Einschätzung dieser Pflanze als Nahrungsmittel gibt es in der chinesischen Tradition zwei entgegengesetzte Richtungen: Von der einen wird der maßvolle Verzehr empfohlen, während die andere ausdrücklich davon abrät. Die taoistischen Yogis behaupten, daß sie schwerfällig mache und die Zirkulation von Energie im Körper verlangsame. Dies scheint sich zu bestätigen, wenn man versucht, nach dem Verzehr eines Kartoffelgerichtes zu meditieren!

Knoblauch

Der Knoblauch, ein vielseitiges Tonikum für den Körper, ist bei den Chinesen dafür bekannt, die Milz, den Magen und die Nieren zu stärken sowie das Wasser und die Gifte, die in Fleisch enthalten sind, zu reinigen.

Kohl

Der übermäßige Verzehr von Kohl kann zu Blähungen und Erkältungen führen, denn er hat eine kühlende Wirkung. Wird er jedoch in Maßen gegessen, wirkt er gegen Verstopfung und regt die Harnausscheidung an. Kohlsaft verbessert die Qualität des Blutes und kann auch auf die Kopfhaut aufgetragen werden, um den Haarwuchs zu fördern.

Die chinesischen Kohlarten haben einen feineren Geschmack als die europäischen und sind auch bei uns erhältlich.

Kopfsalat (Lattich)

Kopfsalat sollte roh mit etwas Sesamsalz angemacht werden. Ihm wird eine äußerst heilsame Wirkung zugesprochen: Er kräftigt die Muskeln, aktiviert den Kreislauf, stärkt den Intellekt und wirkt öffnend auf die Ausscheidungsorgane (auch von Giften).

Koriander

Dieses Gewürz hat einen scharfen Geschmack und darf nur in Maßen verwendet werden. Es wirkt schleimlösend und lindert Schmerzen (blähungswidrig). Es ist außerdem hilfreich bei den Folgen von extremen klimatischen Bedingungen, wie Sonnenstich oder Erkältung.

Kürbis

Die verschiedenen Kürbisarten finden zwar in der chinesischen Küche Verwendung, doch sind ihre tonisierenden Eigenschaften ziemlich umstritten. Sie haben eine leicht anregende Wirkung auf die Atmung und auf die Nierenfunktion.

Kumquat

Dies ist eine kleine Mandarinenart, ihr Name bedeutet „Goldorange“. Sie ist in chinesischen Geschäften in Konserven und manchmal auch frisch erhältlich. Man sollte nicht zuviel davon essen, da es sich um eine exotische Frucht handelt. In der chinesischen Phytotherapie finden vor allem die getrockneten Schalen von Zitronen, Orangen und Mandarinen Verwendung.

Löwenzahn

Löwenzahn wächst sowohl in China als auch in Europa wild. Frischer Löwenzahnsalat sollte im Frühjahr in mäßigen Mengen verzehrt werden. Er hat eine stärkende Wirkung auf die Leber und den Kreislauf.

Longan

Diese Früchte ähneln kleinen Lychees. Sie werden auch in Konserven verkauft und stehen in dem Ansehen, ein Gegengift zu sein. Sie aktivieren die Milz und verbessern die geistigen Fähigkeiten.

Loquat

Diese kleinen Früchte, die unserer Aprikose ähneln, gehören zu den Mispelgewächsen und sind eine chinesische Pflaumenart. Sie sind auch in Konserven erhältlich. Wenn sie übermäßig verzehrt werden, greifen sie die Milz an und können Gelbsucht hervorrufen. In angemessener Menge wirken sie beruhigend bei Übelkeit und sind gut bei Schnupfen und Grippe.

Lychee

Lychees sind jene kleinen, angenehm schmeckenden Früchte, mit denen ein gutes chinesisches Essen in der Regel beendet wird. Leider werden sie häufig nur in Dosen angeboten. Ihr übermäßiger Genuß kann schädlich sein; werden sie dagegen in kleinen Mengen verzehrt, haben sie eine günstige Wirkung auf die Assimilation der Nährstoffe. Sie werden auch bei Drüsenkrankheiten und Tumoren verschrieben.

Mandarine

Siehe unter Orange.

Mandeln

Die Frucht der Süßmandel, die aus Arabien und der Mongolei stammt, hilft gegen Schnupfen und Blähungen. Im *Pen Tsao,* einer alten Abhandlung über Pflanzen, wird sie für die Diät von Herzkranken empfohlen.

Mango

Diese Frucht, die aus Indien kommt, ist auch in China verbreitet, wo sie in der Provinz Kanton und in Hongkong angebaut wird. Unser Organismus verträgt tropische Früchte, wie die Mango, nur schlecht. Wenn sie im Sommer bei großer Hitze verzehrt wird, stillt sie den Durst, wirkt kühlend auf den Körper (Yin-Wirkung), regt den Kreislauf an und erleichtert die Menstruation.

Maulbeere

Sofern möglich, sollten Maulbeeren nicht in konservierter Form gegessen werden. Die frischen Beeren lindern den Durst, stärken die fünf lebenswichtigen Organe (Leber, Herz, Milz, Lungen, Nieren) und regen den Blutkreislauf an. Taoistischen Mönchen zufolge sollen Maulbeeren auch die psychischen Kräfte und die spirituelle Seite des Menschen verstärken.

Melisse und Minze

Diese beiden Pflanzen können zum Würzen von Speisen genommen werden. Als Zutat zu Gemüsen sollten sie frisch verwendet werden. Sie regen die Verdauung an, helfen bei Kopfschmerzen, beruhigen die Nerven und haben eine kühlende Wirkung auf den Organismus. Bei der Zubereitung als Kräutertee sollten die getrockneten Blätter verwendet werden.

Melone

In China gibt es zahlreiche Melonensorten. Sie haben keine spezifischen Eigenschaften, stärken jedoch den Organismus und erleichtern die Atmung. Die Taoisten raten davon ab, Melone zusammen mit Hammelfleisch zu essen.

Öl

Sesamöl und Sonnenblumenöl werden als die besten Sorten für den Organismus angesehen. Das aus China importierte Sesamöl hat einen unvergleichlichen Duft.

Orange

In der traditionellen chinesischen Medizin finden getrocknete Orangenschalen in Form von Abkochungen Verwendung (siehe dazu auch das folgende Kapitel über Kräuter und Tonika). Als Frucht dagegen ist die Orange, die in einem warmen und trockenen „Yang"-Klima wächst, für unsere eher kalten und feuchten klimatischen Verhältnisse nicht so recht geeignet, da sie den Organismus zu sehr abkühlt. Wenn ein Bedarf an Vitamin C besteht, sollte man lieber Äpfel, Gemüse oder Sanddornsaft verwenden, die besser zu unseren klimatischen Bedingungen passen. Dies gilt besonders auch für Kinder: Seitdem die Orange aufgetaucht ist, haben die Fälle von Entzündungen der Nasen- und Rachenschleimhaut zugenommen.

Pampelmuse

Sie hat ähnliche Eigenschaften wie die Orange.

Petersilie

Die Petersilie regt die Nieren und die Harnausscheidung an und trägt zur Ausheilung von Beschwerden im Urogenitalsystem (beispielsweise bei Nierensteinen) bei.

Pflaume

Es gibt zahlreiche Sorten dieser Frucht in China. Sie alle stehen, wie unsere hiesigen Pflaumen, in dem Ruf, die Verdauung und die Assimilation von Nährstoffen zu stärken. Diese Wirkung kehrt sich jedoch um, wenn sie im Übermaß gegessen werden: Sie können sich dann schädlich auswirken und beispielsweise Durchfall und Erkältung herbeiführen.

Pilze

In der traditionellen chinesischen Küche finden Pilze häufig Verwendung. Sie enthalten eine beachtliche Menge an Einweiß – manchmal mehr als Fleisch.

Getrocknete asiatische Pilze sind in chinesischen Lebensmittelläden erhältlich. Am meisten verbreitet sind schwarze Pilze, die wie ein Ohr geformt sind, und Duftpilze mit einem sehr feinen Geschmack. Beide Sorten müssen fünfzehn Minuten in lauwarmem Wasser eingeweicht werden. Sie haben eine gelatineartige Konsistenz und passen gut zu Getreidegerichten und Huhn.

Rettich und Radieschen

Rettich stärkt Leber und Nieren und hilft bei der Auflösung von Steinen. Auch hier kann sich jedoch ein übermäßiger Verzehr schädlich auswirken.

Ein gutes Mittel zur Vorbeugung von Schnupfen und zur Nierenstärkung ist Rettichsirup. Dafür wird der Saft von mehreren Rettichen mit etwas Honig eingekocht und dreimal täglich ein Teelöffel davon eingenommen.

Rhabarber

Der chinesische Rhabarber ist bekannt für seine blutbildenden und appetitanregenden Eigenschaften. Marmelade und Kompott aus Rhabarber sind jedoch sehr sauer, da sie Oxal- und Gallussäure enthalten, und können daher die Milz schädigen. In Reformhäusern sind chinesische Rhabarberpastillen für zeitlich begrenzte Heilbehandlungen erhältlich.

Rübe

Der eßbare Teil der Rübe, die Wurzel, stärkt die Nieren, hilft bei Verstopfung und hat eine kühlende Wirkung auf den Körper. Die chinesischen Rüben werden eingelegt verzehrt.

Sauerampfer

Als regelmäßiger Bestandteil der Nahrung ist der Sauerampfer zu sauer. Er kann jedoch gut bei Fieber- und Schmerzzuständen verwendet werden.

Schnittlauch

Der Schnittlauch ist ein in China sehr häufig verwendetes Gewürz für Gemüse. Er regt die Verdauung an und wirkt inneren Gärungsprozessen entgegen.

Schwalbennester

Die sogenannten Schwalbennester bestehen in Wirklichkeit aus dem getrockneten Speichel einer Seeschwalbenart. Die tonisierenden Eigenschaften dieser „Nester" sind besonders bei Frauen geschätzt, da sie zur Schönheit und Verjüngung beitragen. Sie sind in asiatischen Läden oder in Reformhäusern als Trinkampullen unter dem Namen *Tonidel* erhältlich.

Sesam

Diese Pflanze ist unter der Han-Dynastie aus dem Mittleren Osten importiert worden und steht in ganz Asien in hohem Ansehen. Der Verzehr von gerösteten Sesamsamen wirkt vorbeugend gegen Schnupfen und Erkältung und schenkt Kraft für die Arbeit. Sie sollen auch Geschlechtskrankheiten bei Frauen vorbeugen.

Sesamöl besitzt dieselben heilsamen Eigenschaften und kann auch bei allen Arten von Beschwerden auf die Haut aufgetragen werden, wie beispielsweise bei Geschwürbildung, Ekzemen und Haarausfall.

Soja

Soja wurde in China lange für die wichtigste Hülsenfrucht gehalten. Wir wissen seitdem, daß die Sojabohnen sehr reich an pflanzlichen Proteinen sind. Soja wird hauptsächlich auf folgende vier Arten verzehrt:

* Sojaöl, das ziemlich schwer ist, gilt als etwas gesundheitsschädlich. Dagegen wird seine Anwendung bei kranker Haut und Kopfhaut empfohlen.
* Sojasauce (eine Variante davon ist das japanische Tamari) trägt zur Geschmacksverstärkung von Gerichten bei. Man sollte jedoch nicht zu viel Tamari verwenden: Es handelt sich dabei um eine salzige Zubereitung, deren wohltuende Wirkung sich nur dann zeigt, wenn die Dosis von einem Suppenlöffel pro Tag und pro Person nicht überschritten wird.
* Sojasprossen kann man entweder selbst zum Keimen bringen oder fertig kaufen (frisch oder in Dosen). Sie gelten als leicht abführend, fördern den Haarwuchs und wirken antirheumatisch.
* Sojabohnen werden wie Linsen zubereitet und stehen bei der östlichen Medizin in hohem Ansehen. Sie schenken Energie und Spannkraft und ermöglichen eine Gewichtszunahme. Außerdem werden sie bei allen sexuellen Störungen empfohlen.

Sonnenblume

Obwohl das Sonnenblumenöl in China wenig verwendet wird, ist es auch dort wegen seiner verdauungsfördernden Eigenschaften sehr geschätzt.

Spinat

Der Spinat ist von buddhistischen Mönchen nach China eingeführt worden. Er hat jedoch den Nachteil, zuviel Säure (Folsäure) zu enthalten und dem Körper daher Kälte (extremes Yin) zuzuführen.

Tofu (Sojakäse)

„Tofu" ist der makrobiotische Name für Sojakäse. Er hat einen recht faden Geschmack, der mit etwas Sojasauce oder Tamari verbessert werden kann. Tofu ist in Naturkostläden, Reformhäusern und asiatischen Lebensmittelläden erhältlich.

Tomate

Die Tomate genießt in China als Nahrungsmittel kein großes Ansehen. Sie stammt aus Peru, doch obwohl sie auch in China wächst, heißt es, daß sie dem Körper „extreme Kälte" zuführe.

Zimt

Dieses Gewürz, das aus der Rinde des Zimtstrauches gewonnen wird, findet in kleinen Dosen für Nachtische und Süßigkeiten Verwendung. Der echte chinesische Zimt ist leicht rötlich. Zimt schenkt dem Körper Yang-Energie und Wärme. Er wirkt tonisierend auf den Organismus und fördert die Transpiration.

Zitrone

Trotz ihrer zahlreichen Qualitäten scheint die Zitrone für unser gemäßigtes Klima zu sauer zu sein. Wenn eine Zitronenkur in Spanien oder Kalifornien auch Wunder vollbringen mag, in unseren kalten Breitengraden können diese Säuren nur schlecht neutralisiert werden. Die Chinesen meinen, daß die Zitrone starke erfrischende und kühlende Eigenschaften habe und das Yang im Körper „angreife".

Zucker

Die schädlichen Auswirkungen von Zucker auf die Zähne und das Nervensystem sind in China ebenso wie im Westen bekannt. Bei Erkrankungen der Milz wird jedoch zu der Aufnahme von ein wenig raffiniertem Rohrzucker geraten.

Zwiebel

Unter der Bedingung, daß sie nur zur Heilbehandlung verwendet wird, hat die Zwiebel eine anregende Wirkung auf den gesamten Organismus. Wird sie jedoch täglich gegessen, gewöhnt sich der Organismus daran, so daß sie nicht mehr auf dieselbe Weise wirksam werden kann (das gleiche gilt auch für *Knoblauch)*.

Zwiebelabkochungen helfen bei Schnupfen, Katarrh, Fieber und Entzündungen der Harnwege. Die Zwiebel sollte auch von Diabetikern verzehrt werden, da sie den Blutzucker senkt und Milz, Bauchspeicheldrüse und Nieren stärkt.

Die Energie der Nahrungsmittel

warm

Gemüse

Olive
Knoblauch
Ingwer
Fenchel
Schalotte
Rettich
Kohl
Lauch
Möhre

Gewürze

Anis
Fenchel
Sternanis
Pfeffer
Paprika *
Zimt *
Pfefferminze
Gewürznelke

Verschiedenes

Eigelb
Jasmintee
Essig

Getreide

Reis
Reisgluten
Gerste

Früchte

Orange
Pfirsich
Lychee
Erdnuß
Walnuß
Mandel
Papaya
Kastanie
Sanddorn

Fleisch

Rind
Lamm
Hammel *
Aal *
Huhn
Hähnchen
Wild (Reh)
Muscheln

* = sehr warm

kalt

Gemüse

Spargel
Tomate
Melone
Spinat
Erbsen
Trockenerbsen
Gurke
Lattich
Bambussprossen
Sellerie
Kresse
Salat

Gewürze

Sojasauce
Salz
Minze

Verschiedenes

grüner Tee
Sesam
Sesamöl
Milch
Eiweiß

Getreide

Hirse
Weizen
Buchweizen

Früchte

Apfel
Birne
Brombeere
Pampelmuse
Zitrone
Banane *
Kaki

Fleisch

Gans
Ente
Languste
Garnele
Auster
Krabbe

* = sehr kalt

neutral

Gemüse

Süßkartoffel
Kartoffel
Zwiebel
Kürbis
Dicke Bohnen
Schnittlauch

Getreide

Hafer
Mais

Früchte

Dattel
Pflaume
Traube
Kokosnuß
Erdbeere
Himbeere

Fleisch

Schwein
Hase
Kaninchen
Wachtel
Taube
Karpfen
Tintenfisch

Verschiedenes

Honig
unraffinierter Rohrzucker
Süßholz
Meersalz
Pilze
Soja

Die wohltuenden Breigerichte (Grützen)

Getreidegrützen oder Gemüsebrei werden im allgemeinen für das Frühstück oder als Diät für Kranke und Genesende zubereitet. Sie sind sehr bekömmlich und einfach in der Zubereitung: Das Getreide, in Körnern oder geschrotet, wird in viel Wasser auf kleinem Feuer langsam gargekocht (die Kochzeit hängt von dem jeweiligen Getreide ab). In der ersten Zeit nimmt man besser etwas mehr Wasser, da es rascher verdunstet, als man glaubt.

Reisgrütze

Harntreibende und antirheumatische Wirkung.

Weizenbrei

Fiebersenkend und kühlend für den Organismus.

Kastanienpüree

Kräftigungsmittel für die Nieren und die Beine.

Brei aus Lotossamen

Stärkungsmittel für Milz und Magen, hilft gegen Durchfall.

Rettichbrei

Gut für die Verdauung. Kräftigt die Muskeln des Zwerchfells.

Möhrenbrei

Schmerzlindernde und entspannende Wirkung. Regt die Verdauungssäfte an.

Selleriebrei

Ideales Gericht während des Sommers: kühlende und erfrischende Wirkung auf den Organismus, günstiger Einfluß auf das Gleichgewicht der Gedärme.

Ingwerbrei

Erwärmt und tötet Gifte ab.

Fenchelbrei

Entspannende Wirkung auf die Gedärme und den Magen.

Honigsirup

Auf 1/2 Liter Wasser 1 Suppenlöffel Honig verwenden und 10 Minuten kochen lassen. Stärkungsmittel für das Herz und die Lungen.

Kapitel II

Kräuter und Chinesische Tonika

Die Weisheit der Alten

Die Therapie mit Kräutern ist in China bereits seit Tausenden von Jahren praktiziert worden. Zahlreiche moderne Arzneimittel sind aus der Kunst der chinesischen Heilkräuterlehre entwickelt worden: So ist beispielsweise das Herzmittel Digitalin (Digitoxin) ein Auszug aus der Pflanze *Mao ti huang (Ephedra gerardiana)*, und das Ephedrin, das bei der Behandlung von Asthma Verwendung findet, wird aus der Pflanze *Ma huang (Ephedra vulgaris)* gewonnen.

Im Widerspruch zu der Meinung von Biochemikern zu Anfang des Jahrhunderts haben zeitgenössische Untersuchungen in den Vereinigten Staaten ergeben, daß die Verwendung der ganzen Pflanze durch einen natürlichen Katalyseprozeß wirksamer ist als der Gebrauch von isolierten oder synthetischen Extrakten.

Im heutigen China werden die Verordnungen der alten Heilkunst sorgfältig geprüft und statistisch belegt. So wurden beispielsweise in der Provinz Tientsin 300 Fälle von Blinddarmentzündung mit Kräuterabkochungen behandelt. In 98% der Fälle wurde die Zahl der Leukozyten deutlich vermindert. Von bedeutenden medizinischen Fachleuten wird inzwischen der Wert der traditionellen chinesischen Therapiemethoden anerkannt, wie beispielsweise von dem amerikanischen Herzspezialisten Dr. Diamond, der erklärte: „Es gibt eine Menge Dinge bezüglich der Arzneimittellehre, die wir von den Chinesen lernen können."

Der Rote Kaiser und die Achttausend Kräuter

Im 2. Jahrhundert v. Chr. autorisierte der Rote Kaiser Shen-Ung die Veröffentlichung des *Pen Tsao King*, der ersten Abhandlung, die der Therapie mit Kräutern gewidmet ist. Einige Jahrhunderte später erschien unter dem Gelben Kaiser die „Bibel“ der Akupunktur, das berühmte *Nei King*, worin sich zum ersten Mal eine Darstellung des Blutkreislaufs befindet, der im Abendland erst im 16. Jahrhundert „wiederentdeckt“ wurde.

Das bedeutendste Buch über die Heilkunst mit Kräutern wurde im 16. Jahrhundert unter dem Namen *Li Chih Chen* veröffentlicht; es enthält 12 000 verschiedene Rezepte. Die moderne Volksrepublik China hat Li Chih Chen dadurch geehrt, daß sie eine Briefmarke mit seinem Bild herausbrachte.

Die Wirkung der Kräuter

Ein chinesisches Sprichwort lautet: „Die Natur heilt, der Arzt erhält das Honorar.“ In diesem Sinne „heilen“ auch die Pflanzen nicht – sie erleichtern lediglich die Arbeit der Natur, das heißt, die Wiederherstellung des energetischen Gleichgewichtes zwischen Yin und Yang und den Fünf Elementen. Übrigens machen die Chinesen keinen Unterschied zwischen Heilpflanzen und Nahrungsmitteln: Was für den Körper gut ist, muß gleichzeitig auch eine Arznei sein. Dies trifft sich mit dem Gedanken von Paracelsus, „daß die Nahrung die einzige Arznei sei".

Die Pflanzen werden mittels traditioneller Angaben nach ihren Wirkungen und ihren Geschmacksrichtungen eingeteilt in:

* Yin oder Yang
* sauer, bitter, süß, scharf, salzig

und fördern folgende Körperfunktionen:

* schweißtreibend
* Erbrechen erregend
* erfrischend-kühlend
* wärmeerzeugend
* abführend
* harmonisierend
* tonisierend
* verteilend.

Wir sehen, daß die Wissenschaft von den Kräutern unendlich ist und daß ihr Studium viele Jahre erfordern kann. Wir haben dennoch einige einfache Rezepturen ausgewählt, die es ermöglichen sollen, den alltäglichen gesundheitlichen Beschwerden etwas entgegenzusetzen oder zumindest „die Energie und das Blut" zu kräftigen.

Die Zubereitung der Kräuter

Es gibt verschiedene Methoden für die Kräuterzubereitung: Abkochung, Mazeration, Aufguß, als Pulver oder alkoholische Lösung (Likör). Wir wollen hier auf die beiden einfachsten Rezepte zurückgreifen: den Aufguß als Kräutertee und die Abkochung.

Kräutertee

Gießen Sie kochendes Wasser über die Kräuter, die aufgebrüht werden sollen (möglichst eine Teekanne aus Keramik verwenden). Sie können hierfür Stengel, Blätter und Blüten verwenden. Lassen Sie den Aufguß 5 bis 10 Minuten bei geschlossenem Deckel ziehen. Trinken Sie täglich 3 bis 4 Tassen davon.

Abkochung

Kochen Sie die Pflanzen etwa 5 bis 10 Minuten in Wasser; dies entspricht der Zeit, um die Flüssigkeitsmenge auf die Hälfte zu reduzieren. Trinken Sie davon 4 Tassen pro Tag.

Diese Methode ist vor allem bei Wurzeln und Rinden (Schalen) anzuwenden. Verwenden Sie auf keinen Fall Aluminiumtöpfe, sondern statt dessen Gefäße aus Keramik, Steingut oder feuerfestem Glas.

Ein Geheimnis bei der Pflanzenzubereitung lautet, drei Heilkräuter gleichzeitig zu verwenden: ein

Hauptmittel und zwei unterstützende Substanzen. Dadurch wird die synergetische Wirkung erhöht. Mischen Sie beispielsweise zwei Teile Melisse mit jeweils einem Teil Estragon und Rosmarin.

Halten Sie sich nicht damit auf, jeden Tag eine neue Mischung zusammenzustellen, sondern legen Sie sich einen Vorrat für 2 bis 4 Wochen an und heben Sie diesen in dicht verschlossenen Gläsern auf. Bedenken Sie auch, daß die angegebenen Mengen nicht unumstößlich sind und nicht auf das Gramm genau eingehalten werden müssen. Im Unterschied zu vielen pharmazeutischen Medikamenten sind die verwendeten Pflanzen keine Gifte.

Kräuterrezepturen

Allgemein stärkende Tonika

Dazu gehören vor allem Kräutertees für die vier allgemeinen Arten von Energiestörungen. Die entsprechenden Zutaten sind beim Kräuterhändler, in Apotheken und Naturkostläden erhältlich.

Typus ☰ (nach dem I Ging): Übermaß an Yang

Kennzeichen: aktiv, rötliche Gesichtsfarbe, sanguinisch, Übergewicht.

Mischung: 2 Teile in der Sonne getrocknete Orangenschalen
1 Teil *Tuo cha*-Tee
(in chinesischen Läden)
1 Teil Minze-Blätter

Abkochung
1 EL der Mischung pro Tasse
2 bis 3 Tassen pro Tag
Diese Mischung wirkt blutreinigend und hilft bei der Gewichtsreduzierung.

Typus ⚍ : Mangel an Yang
Kennzeichen: aktiv, dünn, dabei etwas muskulös; gebräunte Gesichtsfarbe, fröstelt leicht (nur vorübergehende Erschöpfung).
Mischung: 2 Teile Süßholzwurzel
1 Teil getrockneter Ingwer
1 Teil getrocknete Zitronenschale
Abkochung
1 TL der Mischung pro Tasse
2 bis 3 Tassen pro Tag
Diese Mischung erwärmt und schenkt Energie.

Typus ⚏ : Übermaß an Yin
Kennzeichen: inaktiv, träge, gelbliche Gesichtsfarbe, Übergewicht.
Mischung: 2 Teile Pfingstrosenwurzel
1 Teil Süßholzwurzel
1 Teil getrockneter Ingwer
Abkochung
1 TL der Mischung pro Tasse
2 bis 4 Tassen pro Tag

Typus ⚎ : Mangel an Yin
Kennzeichen: erschöpft, träge, bleich, mager.

Mischung: 2 Teile Ginsengwurzel
1 Teil Süßholzwurzel
1 Teil getrockneter Ingwer

Abkochung
1 TL der Mischung pro Tasse
2 bis 4 Tassen pro Tag

In chinesischen Läden sind weiterhin noch folgende Tonika zu finden:

* Ginsenglikör, ein ausgezeichnetes allgemeines Stärkungsmittel, das die „Last des Alters" verzögert und die Jugendlichkeit wiederfinden läßt. Ginseng sollte allerdings nicht von Personen unter dreißig Jahren eingenommen werden (diese „Wunderpflanze" wird später noch ausführlich behandelt).
* Tigerknochenlikör (Ho Kou-Likör), ein ausgezeichneter Erwärmer für den Organismus, der auch bei Verdauungsbeschwerden und vor allem bei rheumatischen Schmerzen hilft.

Das Verdauungssystem

Träge Verdauung – Völlegefühl – Blähungen

Mischung: 2 Teile Rosmarin
1 Teil Ingwerwurzel
1 Teil Ginsengwurzel

Abkochung
1 TL der Mischung pro Tasse
3 Tassen vor den Mahlzeiten

Schlechte Nährstoffaufnahme – Anämie – Magerkeit

Mischung: 2 Teile Bockshornklee (Griech. Heu)
1 Teil Süßholzwurzel
1 Teil Rosmarin

Abkochung
1 EL der Mischung pro Tasse
2 bis 4 Tassen pro Tag

Magenkrämpfe – Übelkeit – Aufstoßen

Mischung: 2 Teile Minze
1 Teil Rosmarin
1 Teil Fenchel (Samen)

Teeaufguß
1 EL der Mischung pro Tasse
4 Tassen pro Tag

Zur Stärkung des Verdauungssystems

Abkochung aus Löwenzahnwurzeln

Nehmen Sie 2 TL der Wurzel pro Tasse und trinken Sie davon 2 bis 3 Tassen pro Tag. Trinken Sie außerdem Löwenzahnkaffee (z. B. „Dendelio“ aus dem Naturkostladen).

Zur Stärkung von Milz und Bauchspeicheldrüse

Abkochung aus Rosmarin und Datteln (1 EL Dattelblätter pro Tasse, 10 Minuten kochen lassen).

Das Urogenitalsystem

Nierenschwäche und ungenügende Harnausscheidung

Mischung: 2 Teile Wacholderbeeren

1 Teil Löwenzahn (Blätter)
Teeaufguß
1 TL der Mischung pro Tasse
3 Tassen pro Tag

Entzündung der Harnwege und Blasenentzündung
Mischung: 2 Teile Löwenzahn (Wurzel)
1 Teil Pfingstrosenwurzel
Abkochung
1 EL der Mischung pro Tasse
3 bis 4 Tassen pro Tag

Regeneration der männlichen Geschlechtsorgane, Impotenz und Erkrankungen der Prostata
Mischung: 2 Teile Ginsengwurzel
1 Teil Bockshornkleesamen
(Griech. Heu)
1 Teil Wegerich
Abkochung
1 EL der Mischung pro Tasse
3 bis 4 Tassen pro Tag

Zur Harmonisierung der Periode
Mischung: 2 Teile Beifuß (Blätter)
1 Teil Engelwurz
1 Teil Süßholzwurzel
Teeaufguß
1 TL der Mischung pro Tasse
3 Tassen pro Tag

Trinken Sie auch Salbeitee. Bei zu starker Regel sind

Tees aus Raute angeraten, doch achten Sie darauf, dieses Kraut *niemals* im Falle einer Schwangerschaft zu verwenden.

Empfehlenswert für eine Kur ist auch Knoblauchöl sowie, von Zeit zu Zeit, etwas Ginseng.

Das Kreislaufsystem

Zur Regulierung des Blutdrucks (erhöht oder zu niedrig)

Verwenden Sie „siberischen Ginseng" *(Eleutherocoque)*, den Sie im Reformhaus erhalten. Täglich einige Pastillen davon einnehmen.

Arterielle Hypertonie (zu hoher Blutdruck)

Mischung: 2 Teile getrocknete Maulbeeren
1 Teil getrocknete Orangenschale
1 Teil zerstoßener Knoblauch

Abkochung
1 EL der Mischung pro Tasse
3 bis 4 Tassen pro Tag

Weiterhin werden „chinesischer Rhabarber" (in Pastillenform) sowie der Verzehr von Zwiebeln und Algen empfohlen.

Arterielle Hypotonie (zu niedriger Blutdruck)

Mischung: 2 Teile Ginsengwurzel
1 Teil Süßholzwurzel
1 Teil Wegerich

Abkochung
1 EL der Mischung pro Tasse
3 Tassen pro Tag

Nehmen Sie auch zweimal täglich 10 Tropfen der Urtinktur von *Astralagus* (Traganth) in 1/4 Glas Wasser ein.

Zur Reinigung des Blutes

Für starke Esser, bei schlechter Ausscheidung und Hautausschlag

Mischung: 2 Teile Löwenzahnwurzel
1 Teil Klettenwurzel
1 Teil Badian oder Sternanis

Abkochung
1 EL der Mischung pro Tasse
4 Tassen pro Tag

Arthritis

Bei Arthritis, rheumatischen Beschwerden und Gelenkschmerzen

Mischung: 1 Teil Selleriesamen
(notfalls auch in Pulverform)
1 Teil Löwenzahnwurzeln

Abkochung
1 EL der Mischung pro Tasse
4 Tassen pro Tag

Folgen Sie streng der Ernährung nach dem Tao und meiden Sie vor allem rotes Fleisch und Milchprodukte. Trinken Sie jeden Tag etwas Tigerknochenlikör oder *Fo Ti Tieng*, einen Instant-Tee aus dem „Lebenselixier", der berühmten *Centella asiatica*.

Empfehlenswert ist auch Knoblauchextrakt. Hier ein sehr wirksames antirheumatisches Rezept: Füllen Sie eine Einliterflasche zu einem Drittel mit zerstampftem Knoblauch und den Rest mit einem Branntwein von guter Qualität auf. Verschließen Sie die Flasche und stellen Sie sie 15 Tage in die Sonne. Seihen Sie dann die Lösung durch und verwenden Sie diese wie folgt:

* am 1. Tag 2 Tropfen der Flüssigkeit in 1/2 Glas Wasser
* am 2. Tag 4 Tropfen der Flüssigkeit in 1/2 Glas Wasser
* am 3. Tag 6 Tropfen der Flüssigkeit in 1/2 Glas Wasser

usw. für die Dauer von 15 Tagen, und senken Sie dann die Dosis wieder langsam.

Verwenden Sie für die äußerliche Behandlung der schmerzenden Stellen den berühmten *Tigerbalsam* sowie den verwandten *Drachenbalsam*, der allerdings schwerer erhältlich ist.

Das Atmungssystem

Welches Problem Sie auch immer haben mögen: Schnupfen, Asthma oder Bronchitis - machen Sie als erstes Ihre Lungen und Ihre Kehle frei, indem Sie etwas Tiger- oder Drachenbalsam einreiben.

Sinusitis (Nebenhöhlenkatarrh)

Inhalieren Sie mit kochendem Wasser, dem Sie etwas Tigerbalsam beigefügt haben (Vorsicht mit den Augen!).

Schnupfen

Trinken Sie Salbeitee und bereiten Sie eine Abkochung aus 1 Scheibe Zwiebel zu. Fügen Sie 1 Messerspitze Zimt hinzu und trinken Sie davon 1-2 Tassen pro Tag.

Bronchitis und Grippe

Mischung: 2 Teile Ginsengwurzel
1 Teil Süßholzwurzel
Abkochung
1 EL der Mischung pro Tasse
4 Tassen pro Tag
Fügen Sie 1 Messerspitze pulverisierten Ingwer pro Tasse hinzu.

Angina

Verwenden Sie dieselbe Abkochung wie für Bronchitis, doch trinken Sie außerdem 3 bis 4 Tassen Pfefferminztee pro Tag.

Das Nervensystem

Zur Stärkung der Nerven und des Gehirns

Trinken Sie Estragontee und essen Sie viel Sesam: Sesamsaat, Sesamöl und Sesambutter (Tahin).

Schlaflosigkeit

Mischung 1: 2 Teile Ginsengwurzel
1 Teil getrocknete Orangenschale
1 Teil Honig
Abkochung
1 EL der Mischung pro Tasse
2 Tassen am Morgen

Mischung 2: 2 Teile Verveine
1 Teil Estragon
1 Teil Basilikum oder Rosmarin

Teeaufguß
1 EL der Mischung pro Tasse
1 bis 2 Tassen am Abend

Nehmen Sie auch jeden Tag einige Pastillen „sibirischen Ginseng“ ein.

Neurasthenie – nervöse Depression

Mischung: 2 Teile Ginsengwurzel
1 Teil Estragon
1 Teil Löwenzahnwurzel

Abkochung
1 EL der Mischung pro Tasse
3 Tassen pro Tag

Außerdem wird der Verzehr von Sesamsaat empfohlen.

Haut und Haare

Ekzeme – Nesselsucht

Mischung: 2 Teile Engelwurz
1 Teil Wegerich
1 Teil Löwenzahnwurzel

Abkochung
1 EL der Mischung pro Tasse
4 Tassen pro Tag

Rezept für eine schöne Haut

Mischung: 2 Teile Ligusterblätter
1 Teil Süßholzwurzel

Abkochung
1 EL der Mischung pro Tasse
3 Tassen pro Tag

Akne bei Jugendlichen

Mischung: 1 Teil Engelwurz
1 Teil Süßholzwurzel
1 Teil Pfefferminze
1 Teil Katzenminze

Abkochung
1 EL der Mischung pro Tasse
4 Tassen pro Tag

Haarausfall

Mischung: 1 Teil Ingwerwurzel
1 Teil Ginsengwurzel
1 Teil Rhabarberwurzel
1 Teil Zimtrinde
1 Teil Jujube-Dattel
(nach Ermessen)

Abkochung
1 TL der Mischung pro Tasse
3 Tassen pro Tag

Diverse Rezepturen

Allgemeines Tonikum für die Fünf Organe

Mischung: 1 Teil Ginsengwurzel
1 Teil Ingwerwurzel
1 Teil Datteln (entkernt)
1 Teil Süßholzwurzel

Abkochung
1 EL der Mischung pro Tasse
3 Tassen pro Tag

Sollten Sie diese Wurzeln nur in pulverisierter Form erhalten können, so reduzieren Sie die Dosis auf 1 TL der Mischung pro Tasse, da das Pulver eine höhere Konzentration aufweist.

Mittel bei kalten Händen und Füßen

Mischung: 1 Teil getrocknete Orangenschale
1 Teil frischer Ingwer

Abkochung
1 EL der Mischung pro Tasse
3 Tassen pro Tag

Wenn Sie frischen Ingwer nicht finden können, so verwenden Sie ihn in pulverisierter Form, doch nehmen Sie davon nur 1 Messerspitze.

Mittel gegen Schmerzen und Krämpfe

Mischung: 1 Teil getrocknete Orangenschale
1 Teil Beifußblätter
1 Teil Sandelholzrinde
1 Teil frischer Ingwer

Abkochung
1 EL der Mischung pro Tasse
2 bis 4 Tassen pro Tag
Von Ingwer und Sandelholz in pulverisierter Form entsprechend weniger verwenden.

Die Pflanzenessenzen

Obwohl das Verfahren des Auszugs von Pflanzenessenzen durch Destillation ziemlich spät in China eingeführt wurde, waren die Eigenschaften der ätherischen Öle von Pflanzen dort seit dem 1. Jahrhundert unseres Zeitalters bekannt. Das *Pen Tsao* erwähnt bereits die Eigenschaften der gebräuchlichsten Pflanzen.

Kamillenessenz
Lindert Kopfschmerzen, hilft gegen Schwindelzustände und ist wirksam bei Schnupfen.

Ingweressenz
Erwärmt, bekämpft Infektionen und hat eine schleimlösende Wirkung bei Bronchitis.

Rosenessenz
Behandelt Neurasthenie und erwärmt den Körper. Stärkt die Energiezirkulation der Leber und des Magens.

Essenz aus Gewürznelken
Erwärmt und lindert Schmerzen.

Pfefferminzessenz
Wirkt beruhigend bei schmerzhaften Spasmen und Krämpfen.

Jasminblütenwasser
Kräftigt die fünf lebenswichtigen Organe (Leber, Herz, Milz, Lungen und Nieren).

Wasser aus weißen Lotusblüten
Antigrippale Wirkung.

Prünellenessenz
Wirksam gegen Drüsenentzündung und Geschwürbildung

Wasser aus Maulbeerblättern
Bei Augenkrankheiten und Schnupfen.

Von den Essenzen nimmt man im allgemeinen zwei- bis viermal täglich 2 bis 4 Tropfen auf einem kleinen Stück Zucker ein.

Die Getränke

Die Taoisten empfehlen, Kräutertees außerhalb der Mahlzeiten zu trinken und alle Getränke zu meiden, die Kälte in das Verdauungssystem hineinbringen. Es folgen nun einige der häufigsten Teeaufgüsse mit ihren Eigenschaften nach den östlichen Lehren.

Tee

Die Chinesen unterscheiden zwischen *rotem Tee* (nach der Farbe des Aufgusses – dies ist unser „schwarzer Tee“), der meistens aus Indien oder Ceylon importiert wird, und *grünem Tee*, von dem sie selbst die wichtigsten Erzeuger sind. *Yeti-cha*, der „wilde Tee“, wird als die beste aller Sorten angesehen: „Er macht den Blick strahlend, stärkt die Konstitution und Geistesschärfe, öffnet die Energiekanäle“, heißt es von ihm in der Kräuterabhandlung *Pen Tsao*.

Die nachteiligen Folgen, die der Westen ihm nachsagt, hat der Tee nicht. In China wird er nicht mitgekocht, sondern nur aufgegossen; außerdem enthält der gebräuchliche grüne Tee weniger Teein als die ceylonesischen oder indischen Sorten. Häufig fügen die Chinesen dem Tee Blütenblätter hinzu, beispielsweise Jasmin-, Lotos- oder Orangenblüten; dadurch erhält das Getränk eine sanft beruhigende Wirkung.

Besonders dem Yünnan-Tee werden sehr wertvolle Eigenschaften nachgesagt: Er wirkt verdauungsfördernd, löst Fette (Cholesterin) auf, neutralisiert Darmgifte und verbessert die Zirkulation.

Anistee

Teeaufgüsse aus Anis, Fenchel oder Sternanis (Badian) erwärmen den Körper (vor allem den Unterleib), helfen gegen Blähungen und regen die Nieren an.

Basilikumtee

Basilikumtee wird in China zur Linderung von Verdauungsbeschwerden und als Mittel gegen Nasenpolypen getrunken.

Engelwurztee (Angelika)

Engelwurztee (aus Wurzeln und Samen) hat einen bitteren Geschmack. Er wird besonders Frauen zur Harmonisierung der Monatsblutung empfohlen und hat außerdem eine günstige Wirkung auf die Haut und die Harnwege.

Klettenwurzeltee

Das *Pen Tsao* empfiehlt Abkochungen aus Klettenwurzel zur Blutreinigung und Ausscheidung von Giften.

Löwenzahntee

Löwenzahnwurzel wird als Abkochung zubereitet und ist ein allgemeines Tonikum und Blutreinigungsmittel. Angenehm zu trinken ist Löwenzahnkaffee („Dendelio", in Naturkostläden erhältlich).

Pfefferminztee

Teeaufgüsse mit Minze wirken günstig auf die Verdauung und lindernd bei Krämpfen. Die Minze wird auch bei allen fiebrigen Zuständen und Grippe empfohlen sowie als Nervenberuhigungsmittel für Kinder.

Rosmarintee

Der Teeaufguß von Rosmarin regt die Verdauung und die Nährstoffaufnahme an. Außerdem ist er gut gegen Diabetes.

Salbeitee

Bei den Chinesen gilt Salbeitee als das geeignetste Mittel bei Menstruationsbeschwerden und Blutungen.

Verveinetee

Dieser Tee mindert den Blutandrang, wirkt gegen Gefäßverstopfung und reguliert die Körpersekrete (Verdauungs- und Drüsensystem).

Wegerichtee

Das *Pen Tsao* empfiehlt den Teeaufguß von Wegerich zur Unterstützung der männlichen und weiblichen Fruchtbarkeit. Außerdem regt er die Leber an und beugt Nieren- und Blasensteinen vor.

Ginseng

„Wurzel des Menschen, Wurzel des Himmels“ oder „das Kraut des ewigen Lebens“ – die chinesische wie die westliche Literatur ist des Lobes voll über die Qualitäten dieser Wunderpflanze, die 1713 von dem Jesuitenpater Jartoux zuerst in den Westen gebracht wurde.

Russische und amerikanische Laboratorien haben ihre pharmakologischen Eigenschaften detailliert untersucht. Die Ergebnisse beweisen, daß diese Wurzel zahlreiche medizinische Eigenschaften hat: Tonikum für das endokrine Drüsensystem, das Verdauungssystem und das Nervensystem sowie sexuelles Tonikum. Aus diesem Grunde taucht sie auch so häufig in den chinesischen Rezepturen auf. Es ist natürlich nicht sicher, ob der angebaute Ginseng, der aus Korea und den Vereinigten Staaten kommt, ebenso wirksam wie die wilde Wurzel aus China ist, die auf den Märkten Hongkongs sehr teuer verkauft wird.

Die Wirkstoffe des Ginseng sind von der modernen Biochemie untersucht worden. Ginseng enthält Glykoside (Panavoside) und Saponine. Im isolierten Zustand rufen diese zuckerähnlichen biochemischen Substanzen die folgenden Wirkungen hervor:

* Anregung des Stoffwechsels
* Anregung des Kreislaufs
* Anregung der Verdauung
* Anregung der Aktivität der endokrinen Drüsen.

Außerdem enthält Ginseng zahlreiche Vitamine der B-Gruppe (B1 – B2 – B12) und die folgenden

Spurenelemente: Eisen, Kupfer, Magnesium, Kobalt, Schwefel, Phosphor und Kieselsäure.

Bei den sowjetischen Untersuchungen wurden auch Tierversuche durchgeführt (wobei anzumerken ist, daß die alten Taoisten solche Experimente nicht brauchten, um sich ihr Wissen zu erwerben). Diese führten zu dem Ergebnis, daß Mäuse nach dem Verzehr von Ginseng widerstandsfähiger gegenüber Strychnin-Vergiftungen waren. Weiterhin kamen die Untersuchungen zu dem Schluß, daß Ginseng

* die Widerstandskraft gegenüber Streß erhöht
* den Blutdruck reguliert
* den Blutzuckergehalt (Diabetes) reguliert
* eine stimulierende Wirkung auf den Körper und die Nerven besitzt
* keine schädlichen Nebenwirkungen hat.

Kein Wunder also, daß sowjetischen Olympiasportlern und Kosmonauten Ginseng verabreicht wurde!

Es ist zu beachten, daß Ginseng in der chinesischen Tradition selten allein angewendet wird, sondern fast immer in Verbindung mit mehreren zusätzlichen Pflanzen. Außerdem sollte er nicht von jungen Menschen unter dreißig Jahren eingenommen werden, weil er dann die „Energie der Ahnen“ zu rasch verbrennt.

Aus derselben Familie wie der Ginseng stammend, scheint der „sibirische Ginseng“ *Eleutherocoque* ebenfalls eine große Anzahl allgemein tonisierender Eigenschaften zu besitzen.

Ginseng: Wurzel und Pflanze

Zum Abschluß ein traditionelles Rezept aus Kanton für die Verwendung von Ginseng als allgemeines Tonikum für den Organismus.

Mischung: 2 Teile Ginsengwurzel
2 Teile Süßholzwurzel
2 Teile Pfingstrosenwurzel
2 Teile Engelwurz (Wurzel)

Einen Eßlöffel dieser Mischung auf einen Liter Wasser für die Abkochung verwenden.

Einige gebrauchsfertige Präparate aus der traditionellen chinesischen Medizin

Die meisten der nachstehenden chinesischen Naturheilmittel sind aufgrund der hiesigen Bestimmungen nicht leicht zu finden, sind jedoch in Städten wie London und Amsterdam frei verkäuflich oder auch über Versandfirmen erhältlich.

Manche Präparate dürfen nicht von schwangeren Frauen verwendet werden. Achten Sie genau auf die Gebrauchsanweisung.

Ching fei yi huo

Diese rein pflanzlichen Tabletten wirken bei Kopfschmerzen, Halsentzündung, Verstopfung sowie bei zu gelbem oder rötlichem Urin.

Chrysanthemen-Kristalle

Diese kleinen Beutel mit Chrysanthemenblüten unter Zugabe von Zucker lösen sich sofort in warmem oder kaltem Wasser auf. Sie sind dafür bekannt, die Temperatur zu senken und bei Grippe und Fieberzuständen entzündungshemmend zu wirken. Sie haben auch eine beruhigende Wirkung auf die Leber und lassen die Augen glänzen.

Fo Ti Tieng-Tee

Die Pflanze *Fo Ti Tieng* ist nichts anderes als die berühmte *Centella asiatica*. Sie wurde durch den Arzt Li Chung Yu bekannt, der 200 Jahre gelebt haben soll, und trägt auch den Beinamen „Lebenselixier". Der Instant-Tee aus ihrer Wurzel ist unter anderem ein wirksames Mittel gegen Rheumatismus, Arthritis und Gicht.

Ginsenglikör

Dies ist ein praktisches Mittel für die Einnahme der „Pflanze des Lebens".

Ginseng-Kräuterpflaumen

Dieses völlig natürliche Pflanzenpräparat wird am Morgen vor dem Frühstück als Mittel gegen chronische Verstopfung gegessen.

Hühnerextrakt mit Ginseng

Hühnerbouillon unter Zusatz von Ginseng enthält zwei Zutaten von allgemein tonisierender Wirkung in einer angenehm zu verzehrenden Form. Dieses Präparat hat den Vorteil, die biologischen Qualitäten beider Bestandteile zu bewahren, da es frei von keimtötenden und konservierenden Zusätzen ist.

Koog yick

Diese Zubereitung auf Kräuterbasis wird – in Verbindung mit *Tigerknochentinktur* – bei Rheumatismus und Gelenkschmerzen verwendet.

Lo Huan Kuo

Ein Stück dieses Präparats wird in einem Liter kochendes Wasser aufgelöst und wie ein Teeaufguß getrunken. Diese Abkochung aus chinesischen Früchten ist ein wirksames Mittel gegen Schnupfen, Grippe und Fieber, stärkt die Lungen und ist schleimlösend.

Loquat-Sirup mit natürlichen Kräuterzusätzen

Diese Kräuterrezeptur enthält elf Pflanzen, die zu einem Sirup verarbeitet wurden. Er stärkt das Atmungssystem und behandelt chronische Beschwerden der Lungen, der Bronchien, des Rachens und der Nase.

Po Chai

Die pflanzlichen Po Chai-Pillen sind ein gutes Mittel bei Durchfall, Erbrechen und allgemeinen Magen-Darm-Beschwerden. Im Falle einer Überlastung mit Nahrung wirken sie beschleunigend auf die Verdauung.

Sang chu yin pien

Diese pflanzlichen Tabletten helfen bei Schnupfen (selbst bei Heuschnupfen!) und Grippe.

Tigerbalsam

Der berühmte Tigerbalsam wurde zu Anfang des Jahrhunderts durch die Brüder Awboon Par in der ganzen Welt bekannt. Es gibt zwei Sorten: den starken roten und den milderen weißen. Beide helfen gegen durch Kälte oder Überanstrengung entstandene Schmerzen, bei Schockeinwirkung und rheumatischen Beschwerden. Die schmerzenden Körperstellen sind leicht damit einzureiben. Bei Grippe oder Schnupfen kann Tigerbalsam auch in Form von Inhalationen verwendet werden.

Tigerknochentinktur

Tigerknochenlikör besteht aus einer Mischung aus pflanzlichen und tierischen Bestandteilen (wie Rhinozeroshorn und Tigerpfotenknochen). Dies ergibt ein ausgezeichnetes Heilmittel gegen rheumatische und andere Schmerzen sowie ein hervorragendes Tonikum besonders für die Verdauungsfunktionen.

Yünnan paiyao

Diese jahrtausendealte Zubereitung aus der Provinz Yünnan wurde früher vor allem bei Wunden und Verletzungen als Folge der Praxis von *Kung Fu* verwendet. Auch heute wird es im Falle von Schockeinwirkung, Blutung und Verwundung benutzt. Es ist ein Notfallmittel, das ebenfalls gegen Abszesse, Furunkel und Menstruationsstörungen eingesetzt werden kann. Außerdem regt es den Blutkreislauf und die Ausscheidung von Giften an.

Kapitel III

Energetische Körper- und Atemübungen

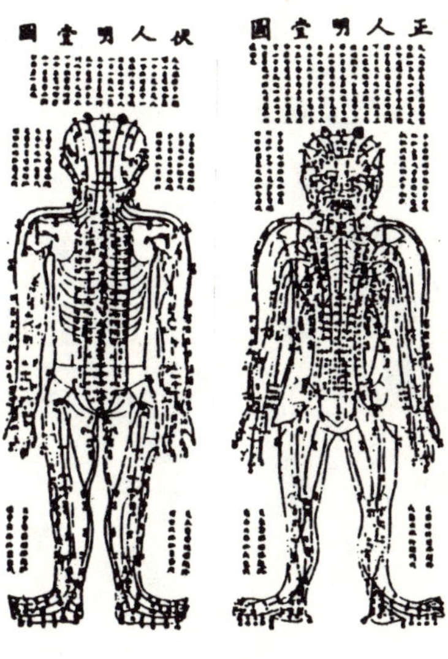

Ernährung und körperliche Bewegung bilden die Grundlage für die Gesundheit, werden von gewöhnlichen Ärzten jedoch häufig außer acht gelassen.
Professor Leung Kok Yuen

Die Aktivierung der Energie durch chinesische Yogaübungen

Die westliche Gymnastik hat sich das Ziel gesetzt, die Muskulatur zu kräftigen und die Gelenkigkeit und Ausdauer des Sportlers zu erhöhen. Die östlichen Gymnastik- und Yogaübungen berufen sich dagegen auf die Aktivierung von *Chi*, der Lebensenergie, um körperliche und geistige Gesundheit zu erlangen, das heißt, den Körper von psychosomatischen Spannungen zu befreien. Zu diesem Zweck setzt die natürliche Gesundheitslehre der Taoisten zwei Methoden ein, die unlöslich miteinander verbunden sind:

* die Atmung, wodurch das Chi verstärkt wird
* die Körperübungen, die das Chi leichter zirkulieren lassen.

Im Laufe der Jahrhunderte haben die Taoisten und die chinesischen Buddhisten eine Vielzahl von Körperübungen entwickelt, wie beispielsweise das berühmte *Tai Chi Chuan* (das im Volksmund auch „chinesische Gymnastik" genannt wird) und die verschiedenen Formen des *Qi Gong*, wobei sich Atmung und Bewegung eng miteinander verbinden.

Im Rahmen dieses Buches können wir nicht ausführlich auf diese Techniken eingehen, da sie die Unterrichtung durch einen qualifizierten Lehrer verlangen. Es werden Ihnen jedoch einige einfache Übungen vorgeschlagen, die Sie täglich allein praktizieren können.

Die Wirkungen des chinesischen Yoga

Allgemein läßt sich sagen, daß diese Übungen das Chi, die „unsichtbare Kraft“, stärken, eine anregende Wirkung auf den Blutkreislauf und die inneren Organe haben, die Nerven stabilisieren und zu einem Geisteszustand heiterer Gelassenheit beitragen.

Bei diesen Atem-, Körper- und Entspannungsübungen kommt es zu unterschiedlichen Sinnesempfindungen, deren Wahrnehmung Sie darin unterstützen wird, den Begriff des Chi, der Lebenskraft, und die Entwicklung von konkreter Energie besser zu verstehen. Zögern Sie daher nicht, sich dieser Empfindungen bewußt zu werden, ja, identifizieren Sie sich sogar damit – nicht, indem Sie diese intellektuell nacherleben, sondern bewußt physisch spüren. Damit nähern Sie sich wahrer innerer Gelassenheit und der Beherrschung Ihrer Energien an. Dieser Zustand ist weitgehend auch davon abhängig, daß das verstandesmäßige Denken in den Hintergrund tritt – jenes „Werkzeug“, das unser Diener sein sollte und sich so gerne zum Herrn macht.

An welchen körperlichen Wahrnehmungen lassen sich nun Ihre Fortschritte bei diesen Übungen erkennen? Es können folgende Sinnesempfindungen auftreten:

* die Wahrnehmung eines Wärmestroms, der durch den ganzen Körper fließt und sich hauptsächlich in den Händen und Beinen, am Rücken und im Bauch konzentriert;
* ein Kribbeln auf der Hautoberfläche, dies ist die

Folge der Zirkulation von Chi und tritt in Erscheinung, wenn die Muskeln entspannt sind;
* vermehrter Speichelfluß, in der traditionellen Akupunktur „Lebenslikör“ genannt, tritt bei einer Stärkung der Organe auf. Dieser Speichel sollte nicht ausgespuckt, sondern einfach hinuntergeschluckt werden;
* ein weiteres Anzeichen für Fortschritt ist der Eindruck von Ruhe und Leichtigkeit, der sowohl bei den Übungen selbst als auch während der alltäglichen Beschäftigungen erfahren wird;
* mit weiterem Fortschritt können bei geschlossenen oder halb geschlossenen Augen als visuelle Phänomene Visionen von Farbe und Licht auftreten. Man ist der Ansicht, daß helle und leuchtende Farben (wie beispielsweise Orange) Harmonie widerspiegeln, während matte und dunkle Töne einen Mangel im Gleichgewicht der Energien anzeigen.

Vorbereitende Übungen

1. Übung für die Beweglichkeit des Beckens

Stellen Sie Ihre Füße nebeneinander, halten Sie sich gerade, ohne dabei eine steife Haltung einzunehmen, und entspannen Sie die Schultern und Beine.

Beginnen Sie damit, Ihr Becken sehr behutsam im Uhrzeigersinn kreisen zu lassen, und beachten Sie dabei folgendes:
* Kopf und Schultern dürfen der Bewegung des Beckens nicht folgen. Stellen Sie sich vor, daß der

Kopf an einem Faden am Himmel aufgehängt ist;
* auch die Füße dürfen nicht die Bewegung des Beckens nachahmen, sondern bleiben wie „am Boden festgeklebt". Überprüfen Sie dies vor allem am Anfang dadurch, daß Sie häufig kurz nach unten blicken.

Um die Drehbewegung zu verbessern, stellen Sie sich vor, daß sich der Drehpunkt etwa 2 cm unterhalb des Nabels befindet. Lassen Sie das Becken dann einige Minuten in der anderen Richtung kreisen.

Diese Übung trägt dazu bei, die Beweglichkeit des Beckens und der Lenden zu verbessern sowie die Energiezirkulation zwischen Beinen und Unterleib zu aktivieren. Sie hilft bei Kreislaufbeschwerden, Krampfadern, kalten Füßen, Ischiasneuralgie und Schmerzen im Lendenbereich sowie bei Verstopfung und sexuellen Störungen.

2. Übung für eine aufrechte, aber nicht steife Körperhaltung

Wenn jemand dazu aufgefordert wird, sich gerade zu halten, nimmt er augenblicklich eine stramme „Habachtstellung" ein, die für den Körper am allerschlimmsten ist. Dadurch wird die Krümmung des Rückens vergrößert, der Brustkorb aufgebläht und das Herz eingeschnürt. Diese Haltung trennt den Betreffenden von seiner Mitte ab, dem *Tan Tien*, das unterhalb des Nabels liegt; sie ist dazu geeignet, Automaten, aber nicht die *Chen Jen*, die bewußten und wahren Menschen des Tao hervorzubringen.

Stellen Sie sich so vor eine glatte und gerade Wand,

daß Ihre Fersen ungefähr 5 cm davon entfernt sind. Drücken Sie Ihre Schulterblätter leicht gegen die Wand, wobei Kopf und Gesäß die Wand aber nicht berühren. Dadurch sind Sie gezwungen, das Becken leicht nach vorne zu kippen (siehe Abb. 1).

Lehnen Sie dann langsam die Wirbelsäule gegen die Wand unnd entspannen Sie die Schultern (siehe Abb. 2).

Die Rückenwirbel berühren die Wand zunächst auf der Höhe der Schulterblätter, dann des Zwerchfells und schließlich des Bauches. Wenn auch die Pobacken die Wand fast berühren, neigen Sie den Körper langsam nach vorn, wobei Sie dieselbe Rückenhaltung bewahren. Achten Sie darauf, welche Stabilität Ihre Haltung jetzt hat. Damit verbunden, kann auch ein Gefühl der Ruhe und Harmonie auftreten (im besten Fall eine Erfahrung von „Leerheit“).

Diese stabile und aufrechte Haltung ist in Abb. 3 dargestellt. Versuchen Sie nun, diese Haltung ohne Hilfe der Wand wiederzufinden. Auch im täglichen Leben, beim Gehen und Sitzen, beim Warten auf den Bus usw. kann sie eingenommen werden.

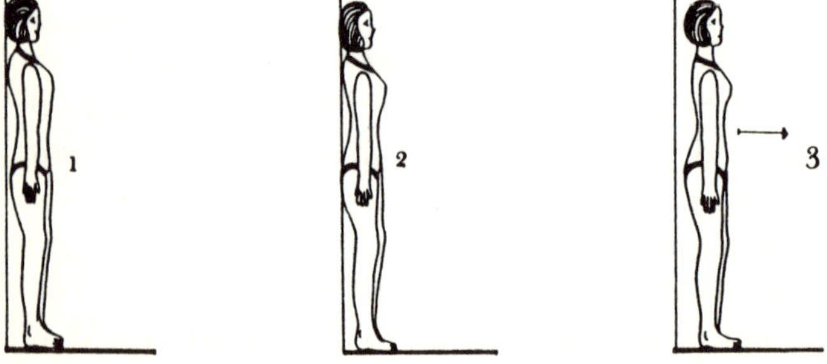

Yin und Yang in der Bewegung

Wie bereits anfangs beschrieben wurde, unterliegt alles im Universum dem Gesetz der komplementären Gegensätze von Yin und Yang. Auch jedes Ding und jeder Gedanke enthält in sich etwas von dieser wechselseitigen Ergänzung.

In den chinesischen Yogaübungen wird die Harmonie von Yin und Yang erlernt. Wenn beide in Harmonie sind, befinden sich auch Körper und Denken in Harmonie. Dementsprechend gibt es im chinesischen Yoga zwei Arten von Bewegung: die Bewegung zu sich selbst und die Bewegung nach außen, die Zusammenziehung und die Ausdehnung.

* Die Bewegung nach innen, zu sich selbst, stellt den Ausdruck einer geistigen Konzentration dar. Die Energie wird zum Zentrum (Yin) gelenkt.
* Die Bewegung nach außen stellt den Ausdruck der Energie und ihrer Aktivität (Yang) dar.

Diese gleichzeitig praktizierten Bewegungsübungen, die durch die Atmung rhythmisiert werden, lassen das richtige Gleichgewicht der Energien, die Harmonie zwischen Handeln und Nicht-Handeln *(Wu wei)* und die Bewußtwerdung zwischen Konzentration und Leerheit wiederfinden. Die Praxis muß jedoch regelmäßig ausgeführt werden, damit sich greifbare Ergebnisse zeigen können. Es ist dafür nicht notwendig, mehrere Stunden in der Woche zu üben; fünf bis zwanzig Minuten pro Tag sind völlig ausreichend, zumindest am Anfang.

Die taoistische Atmung

Wenn man dem taoistischen Philosophen Tschuang Tse Glauben schenkt, so kann die Atmung im Körper bis in die Fersen reichen. Die alten Chinesen waren nicht so naiv zu glauben, daß die Lungen sich bis in die Beine hinein ausdehnten: Sie wollten damit nichts anderes ausdrücken, als daß die Atmung von einem Bewußtwerdungsprozeß begleitet ist, der sich bis in die Beine erstrecken kann.

Alle Übungen werden in lockerer Kleidung sitzend, auf einem Stuhl oder im Schneidersitz auf dem Boden ausgeführt.

1. Übung: die bewußte Atmung

* Atmen Sie langsam durch die Nasenlöcher ein und visualisieren bzw. „spüren" Sie dabei, wie die Luft in die Lungen eindringt, dann den Unterbauch füllt und schließlich in die Beine bis zu den Füßen gelangt.
* Atmen Sie durch den Mund aus, sobald die Einatmung beendet ist, und visualisieren Sie dabei, wie die Luft durch die Beine, die Wirbelsäule, den Kopf zurückströmt und den Körper wieder durch den Mund verläßt.

Achten Sie darauf, daß die Zunge während der ganzen Übung den Gaumen berührt, und setzen Sie diese Atmung fünf Minuten lang fort. Durch diese Übung wird die Vitalenergie angeregt, die Abwehrkraft gegenüber Krankheiten nimmt zu, und der Körper kann sich regenerieren.

2. Übung: die Unterbauchatmung

Wenn die Atmung zu hoch ist, tritt Zorn auf.
Wenn die Atmung auf der Höhe des Herzens bleibt,
treten Krankheiten auf. (Tschuang Tse)

* Atmen Sie langsam durch die Nase ein. Versuchen Sie dabei, sich von der Vorstellung freizumachen, daß Sie mit Ihrem Brustkorb atmen. Blähen Sie während des Einatmens den Bauch auf natürliche Weise auf. Versuchen Sie, diese Bewegung so tief wie möglich unterhalb des Nabels auszudehnen.
* Atmen Sie dann langsam wieder durch die Nase aus, indem Sie die Luft aus dem Bauch herausströmen lassen. Machen Sie diese Übung fünf Minuten am Morgen, und führen Sie auch während des Tages, immer wenn Sie daran denken, die Unterbauchatmung aus.

Diese Übung stärkt das *Tan Tien*, das Vitalzentrum des Menschen, das einige Zentimeter unterhalb des Nabels liegt und wo sich auch der Schwerpunkt des Körpers befindet. Die Lebenskraft nimmt zu, die Verdauung verbessert sich; das Herz wird von Spannungen erleichtert, und Sorgen sind weniger belastend.

Zur Anregung der Unterbauchatmung können Sie diese Stelle unterhalb des Nabels einmal in der Woche mit einem Fön erwärmen (Achtung, nicht verbrennen!) und sich anschließend ein paar Minuten entspannen.

Man muß den Geist in den Bauch sinken lassen;
dann tauscht sich die Energie mit dem Geist aus.
Der Geist wird rein, und die Energie kristallisiert sich.
(Das Geheimnis der Goldenen Blüte)

3. Übung: die umgekehrte Atmung

Wenn Sie die vorangegangenen Übungen mindestens zwei Wochen praktiziert haben, können Sie zu der umgekehrten Atmung weitergehen, die auch als „künstliche Atmung" bezeichnet wird.

* Atmen Sie durch beide Nasenlöcher ein, wobei Sie den Bauch nach hinten einziehen und das Zwerchfell nach oben drücken (ohne daß Sie sich dabei anstrengen).
* Atmen Sie aus, wobei Sie das Zwerchfell nach unten drücken und den Bauch so tief wie möglich nach unten mit Luft anfüllen.

Auch durch diese Atmung wird die Chi-Energie gestärkt; außerdem hat sie eine zutiefst belebende Wirkung auf die Verdauungsorgane.

4. Übung: der Kreislauf von Yin und Yang

Wenn Sie die umgekehrte Atmung beherrschen, können Sie dann die Methode des Kreislaufs von Yin und Yang praktizieren, wodurch die Verbindung zwischen zwei der wichtigsten Meridiane im Körper hergestellt wird: dem Konzeptionsgefäß *(jen mo)* und dem Gouverneurgefäß *(tou mo)*.

Während der gesamten Übung berührt die Zunge den Gaumen, und zwar auf Höhe der Zahnwurzeln des Oberkiefers.

任督二脈天河周流圖

現出元關消息路

即是百脈法輪行

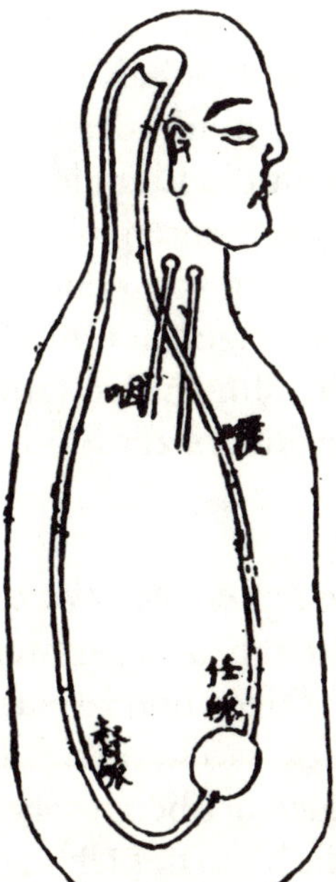

日常養此真靈訣

時檢長生不死關

* Atmen Sie ein und ziehen Sie dabei den Bauch nach hinten ein (siehe 3. Übung).
* Atmen Sie aus, wobei Sie den Bauch mit Luft füllen und dabei „spüren", wie die Energie in den Bereich genau unterhalb des Nabels *(Tan Tien)* strömt.
* Atmen Sie wieder ein, wobei Sie den Bauch einziehen und spüren, wie die Energie durch den After strömt, dann nach oben durch die Wirbelsäule (Kreuzbein, Lendenbereich, Rückenwirbel) und den Hals bis zum Scheitelpunkt des Kopfes.
* Von dort aus fließt die Energie mit dem nächsten Ausatmen wieder nach unten in den Bauch.

Beginnen Sie wieder von neuem mit der Übung und setzen Sie diese ungefähr fünf Minuten lang fort.

Diese Übung wird ohne Anhalten des Atems ausgeführt und trägt besonders zur Stärkung des Verdauungssystems bei.

5. Übung: die Oberflächenatmung

Der Taoist Peng Tsu rät zu dieser Atemtechnik, wenn man den Körper kräftigen und zu einem wahren Menschen *(Chen Jen)* des Tao werden will. Dieselbe Methode findet sich auch in tibetanischen Anweisungen.
* Schließen Sie die Türe des Übungsraumes, der einen warmen Boden haben soll. Setzen Sie sich im Lotos- oder im Schneidersitz auf ein Kissen, und achten Sie darauf, daß Ihr Bauch durch nichts eingeengt wird.
* Strecken Sie sich nach oben.
* Konzentrieren Sie sich geistig auf das Zwerchfell, lenken Sie Ihre Aufmerksamkeit darauf.

* Legen Sie sich symbolisch eine Gänsefeder auf die Nasenspitze. Stellen Sie sich vor, daß diese während der ganzen Übung unbeweglich dort liegenbleibt.
* Reduzieren Sie die Atmung auf ein leichtes Kommen und Gehen in Höhe der Kehle.
* Wenn Sie entsprechende Übung haben, atmen Sie bis zu 300mal auf diese Weise.

Wir können nicht dringlich genug raten, diese Atemtechnik mit Vorsicht anzugehen, wenn die energetische Atmung bereits gut beherrscht wird. In der Tat neigen die meisten von uns ja bereits im alltäglichen Leben dazu, oberflächlich zu atmen. Wir müssen daher die tiefe und bewußte Atmung schon gründlich kennen, bevor wir diese letzte Technik ausprobieren, die in gewisser Weise einem künstlich herbeigeführten „Winterschlaf" ähnelt. Beachten Sie aber, daß diese Atmung nur scheinbar oberflächlich ist, da sie mit der Wahrnehmung des Energiekreislaufs einhergeht.

Die moderne Neurologie stellt die Hypothese auf, daß eine Depolarisierung der Nerven das gesamte Nervensystem bei dieser Atemtechnik anregen würde (Untersuchungen von Ernest Gardner). Wir dürfen bei dieser bestechenden Hypothese jedoch nicht vergessen, daß die Meridiane, die Energiebahnen des Körpers, in keiner engen Verbindung zum Nervensystem stehen.

6. Übung: die Ko Hung-Atmung

Dies ist eine Abwandlung der vorigen Übung, wobei der Atem angehalten wird.

* Atmen Sie durch die Nase ein.
* Halten Sie den Atem für die Dauer eines Herzschlags an.
* Atmen Sie so langsam durch den Mund aus, daß sich eine davor plazierte Vogelfeder nicht bewegen würde.

Führen Sie diese Atmung jeden Tag fünf Minuten durch. Nach und nach können Sie die Anzahl der Herzschläge erhöhen, für deren Dauer Sie den Atem anhalten. Strengen Sie sich aber nicht an dabei; achten Sie darauf, daß die Atmung natürlich bleibt.

„*Wenn ein alter Mann dies praktiziert, wird er sich in einen jungen Mann verwandeln*", hat der Arzt Ko Hung um 400 v. Chr. zur Wirkung dieser Atemtechnik angemerkt.

Körperübungen Pa tua chin - die „acht Bewegungen der Seide"

Diese uralten therapeutischen Übungen werden es Ihnen ermöglichen, sich Ihre Energie zu erhalten und vielleicht sogar bestimmte organische Schwächen zu beheben.

Bei allen Übungen bleibt die Atmung natürlich, und das Bewußtsein ist auf den Nabel gerichtet.

1. Stellung

* Sie stehen in gerader Haltung da, die Füße sind in Schulterbreite voneinander entfernt.
* Heben Sie langsam die Hände bis auf Schulterhöhe; die Handflächen sind nach außen gerichtet.
* Atmen Sie aus, und strecken Sie dabei die Arme waagerecht nach vorn, wobei auch die Handflächen immer noch nach vorn weisen (siehe Abb. 1).
* Heben Sie die Arme senkrecht nach oben, während Sie einatmen (siehe Abb. 2).
* Kehren Sie in die Ausgangsposition zurück; die Arme hängen seitlich des Körpers nach unten.
* Wiederholen Sie diese Übung, die für das Gleichgewicht zwischen Yin und Yang im Körper sorgt, zehnmal.

Abb. 1

Abb. 2

2. Stellung

* Kreuzen Sie die Hände – mit ineinander verschränkten Fingern – vor dem Bauch.
* Stellen Sie sich auf die Zehenspitzen, und führen

Sie die ineinander verschränkten Hände bis über den Kopf (siehe Abb. 3).

* Lassen Sie die Hände wieder nach unten sinken.
* Wiederholen Sie diese Übung zur Anregung der Lebenskraft zehnmal.

3. Stellung

* Nehmen Sie die Haltung eines „Reiters" an: angewinkelte Beine, gerader Oberkörper, die Fußsohlen fest am Boden verankert.
* Drehen Sie den Kopf ganz nach links und blicken Sie über die linke Schulter nach hinten (siehe Abb. 4).
* Führen Sie dieselbe Bewegung nach rechts aus.
* Wiederholen Sie diese Übung, die anregend auf Verdauung und Kreislauf und entspannend auf das Nervensystem wirkt, zehnmal.

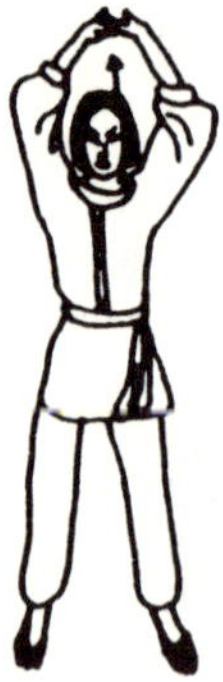
Abb. 3

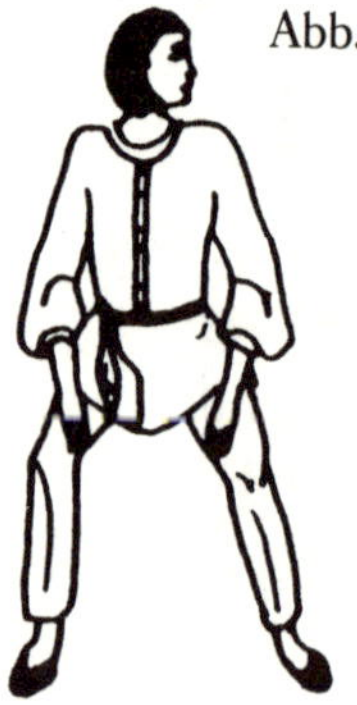
Abb. 4

4. Stellung

* Stellen Sie sich gerade hin.
* Heben Sie die linke Hand über den Kopf; die

Handfläche ist nach oben zum Himmel gerichtet.
* Lassen Sie die linke Hand heruntersinken, und heben Sie die rechte Hand auf die gleiche Art und Weise; während die linke Hand herabsinkt, folgt der Blick der Handfläche (siehe Abb. 5).
* Wiederholen Sie diese Bewegung auf jeder Seite neunmal.

Diese Übung reguliert die Energie des „mittleren Raumes" im Körper und hat vor allem auf Milz und Magen eine stärkende Wirkung.

Abb. 5

Abb. 6

5. Stellung

* Stellen Sie sich in gerader Haltung hin.
* Drehen Sie langsam den Kopf nach links und blicken Sie so weit wie möglich nach hinten, ohne sich dabei jedoch anzustrengen; die Schultern folgen der Bewegung nicht (siehe Abb. 6).
* Führen Sie die Bewegung dann nach rechts aus.
* Wiederholen Sie die Bewegung auf jeder Seite neunmal.

Diese Übung stärkt den Lungenmeridian und die Herzmuskeln. Sie hat eine vorbeugende Wirkung bei Schnupfen, Bronchitis und Angina.

6. Stellung

* Nehmen Sie die Haltung eines „Reiters“ ein, indem Sie die Beine spreizen und die Knie beugen, ohne jedoch die Fersen vom Boden zu lösen.
* Ballen Sie beide Hände zu Fäusten und legen Sie diese auf die Hüften.
* Führen Sie langsam die linke Faust und den Arm zur linken Seite, bis sie sich in der Waagerechten befinden. Folgen Sie dabei der Faust mit den Augen.
* Führen Sie die linke Faust zur Hüfte zurück, und wiederholen Sie dieselbe Bewegung mit der rechten Faust nach rechts (siehe Abb. 7).
* Wiederholen Sie diese Bewegung auf jeder Seite neunmal.

Diese Übung verbessert den Stoffwechsel und stärkt die fünf lebenswichtigen Organe.

Abb. 7

Abb. 8

7. Stellung

* Nehmen Sie die Haltung eines „Reiters“ ein.
* Legen Sie beide Hände auf die Oberschenkel (siehe Abb. 8).
* Neigen Sie Kopf und Oberkörper nach vorn und leeren Sie dabei die Lungen, während Sie gleichzeitig den Bauch nach hinten einziehen.
* Atmen Sie einige Minuten lang tief weiter, und ziehen Sie bei jedem Einatmen den Bauch zurück.

Diese Übung stärkt die fünf lebenswichtigen Organe und die fünf Eingeweide. Sie erleichtert die Ausscheidung von Darmgasen und verhindert es, einen Bauch anzusetzen.

8. Stellung

* Stellen Sie sich gerade hin und tragen Sie das Körpergewicht auf den Zehen.
* Springen Sie hoch und strecken Sie dabei die Beine.
* Beugen Sie die Beine, wenn Sie wieder auf den Zehen aufkommen.
* Wiederholen Sie dies neunmal.

Diese Übung wirkt verjüngend auf das Nervensystem und bewahrt vor „101 Krankheiten“.

Alle diese Übungen können täglich zur Kräftigung des Körpers praktiziert werden. Die Wirkungen daraus tauchen nach drei Wochen auf, sie konkretisieren sich nach drei Monaten, und nach drei Jahren sind sie als endgültig anzusehen.

Kapitel IV

Die taoistische Energiemassage

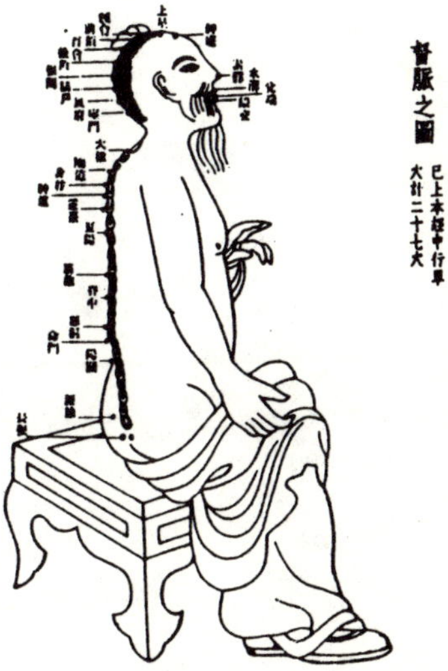

Die klassische chinesische Massage

Die acht traditionellen Behandlungsweisen der chinesischen Massage lassen sich in zwei Gruppen einteilen:

* Die Yang-Techniken sind relativ kraftvoll und werden „Methoden der Zerstreuung“ genannt. In der traditionellen chinesischen Medizin wird dieses Prinzip hauptsächlich dafür verwendet, um Schmerzen und Beschwerden zu bekämpfen, die auf einen Überschuß an Energie zurückzuführen sind (wie beispielsweise Stauungen und Vollblütigkeit).
* Die Yin-Techniken oder sanften Methoden werden vor allem in Fällen von Energie- oder Blutmangel zur Stimulierung des Organismus eingesetzt.

Massage wird in China seit mehr als 2000 Jahren ausgeübt. Sie wird angewendet unter Berücksichtigung der Gesetzmäßigkeiten des Energiekreislaufs und stellt in sich selbst eine populäre, vollständige und sehr wirksame Heilbehandlung dar.

Nach der Akademie für traditionelle Medizin in Shanghai gibt es folgende hauptsächliche Indikationen für chinesische Massage:

* krankhafte Muskelverspannungen (Kontrakturen)
* Lähmungserscheinungen
* Störungen der Bewegungsfähigkeit
* chronische Verstopfung
* Durchfall und chronische Magenverstimmung

* Husten und Asthma
* Krämpfe und Epilepsie
* Schlaflosigkeit, Nervosität, nervöse Depression
* Muskelschwund (Atrophie)
* Tortikollis (Schiefhals)
* Lumbago (Hexenschuß), Schmerzen in der Wirbelsäule
* Gelenkschmerzen.

In Shanghai und Kunming gibt es beispielsweise Kliniken, in denen die traditionelle chinesische Massage eingesetzt wird. Es ist hervorzuheben, daß die Anwender äußerst selten elektrische Hilfsapparaturen verwenden – alles wird mit der Hand gemacht!

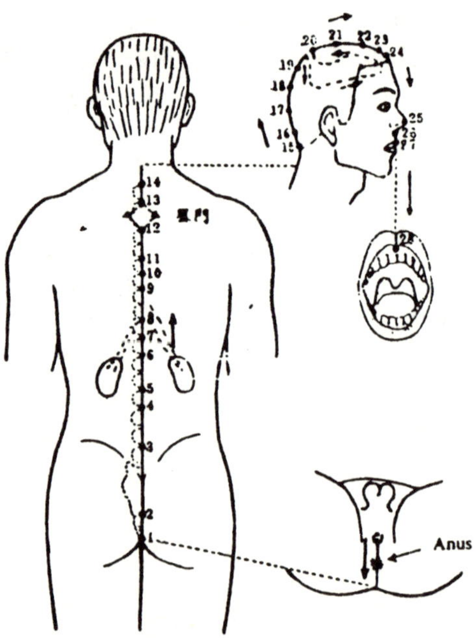

Läßt sich Massage nur nach einem Buch erlernen? Nun, das ist ein ziemlich gewagtes Unterfangen, und wir hoffen, daß Sie die Möglichkeit haben, zur praktischen Vertiefung entsprechende Seminare besuchen zu können.

Die Rückenmassage der Hua To-Punkte

Hua To ist jener legendäre Arzt aus dem alten China, auf den eine Reihe von Entdeckungen zurückgehen

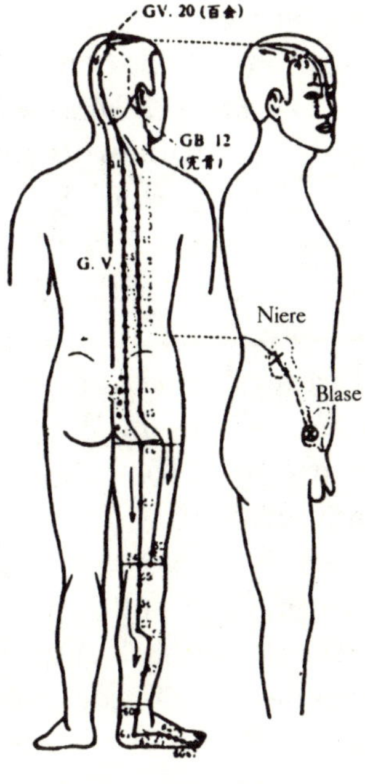

sollen: die Gymnastikübungen der „fünf Tiere" und die Doppellinie von Punkten, die an jeder Seite der Wirbelsäule liegen und mit den inneren Organen in Verbindung stehen. (Es handelt sich hierbei nicht um den Blasenmeridian, der von der Medianlinie des Körpers weiter entfernt liegt.)

Die Rückenmassage der Hua To-Punkte ist eine sehr wirksame Methode, die in der Familie bei Kindern wie Erwachsenen angewendet werden kann. Die besten Resultate erreicht man bei Kindern zwischen acht und vierzehn Jahren, da deren Energie stärker und schneller darauf anspricht. Doch auch Erwachsene können unter der Voraussetzung, daß sie die Anwendung ein- oder zweimal wöchentlich wiederholen, daraus Nutzen ziehen.

Ein alter chinesischer Text, der 1600 Jahre alt ist, führt dazu aus: „Die Hua To-Methode muß auf der Hautoberfläche vom Kreuzbein bis zum unteren Ende des Halses verabreicht werden. Diese Methode wird dazu verwendet, um alle Arten von Leiden zu bekämpfen, und wenn sie fehlschlägt, muß man mehrmals immer wieder neu mit ihr beginnen."

Entlang der Wirbelsäule zirkulieren zwei wichtige Energiekanäle *(Tsing)*, die im Westen „Meridiane" oder – nach einem Begriff von Jacques Lavier – „Peridrome" genannt werden:

* der *Blasenmeridian*, der vom inneren Augenwinkel (Punkt 1 Blase) zum Kopf und von dort entlang der Wirbelsäule und der Beine nach unten verläuft und im kleinen Fußzeh endet. Entlang des Rückgrats ist sein Verlauf von den *Shu*-Punkten gesäumt, die in enger

Beziehung zu unseren wichtigsten inneren Organen stehen: Lungen und Herz, die den „oberen Raum“ bilden; Leber, Gallenblase, Milz und Magen, die den „mittleren Raum“ bilden; Nieren, Blase und Eingeweide, die den „unteren Raum“ bilden. Jede Einwirkung – ob mit oder ohne Nadel – übt eine Reflexwirkung auf die entsprechenden Organe aus;

* der *Du Mai* oder *Tou Mo* oder *Gouverneur-Meridian*, der genau in der Mitte des Rückens auf der Medianlinie verläuft. In den altüberlieferten Texten wird er „das Meer aller Yang-Gefäße“ genannt, das heißt, das Reservoir der aktiven Kraft und der verfügbaren geistigen Energie. Seine Wirkung betrifft die Regulierung der Yang-Energie sowie die Unterstützung der Wirbelsäule, zum Beispiel Bandscheibenschmerzen im Falle von Disharmonie;
* schließlich zwei Linien außerhalb der Meridiane mit den Hua To-Punkten. Diese Linien befinden sich zwischen dem Blasenmeridian und dem Gouverneurgefäß, ungefähr 1 cm von der zentralen Linie des Rückgrats entfernt.

Diese Punkte stehen in direkter Verbindung mit den inneren Organen, die ihnen auf einem horizontalen Plan entsprechen. Es ist anzunehmen, daß auch zwischen den Hua To-Punkten und dem Ganglienstrang des sympathetischen Nervensystems (paravertebraler Nervenstrang) eine enge Beziehung besteht.

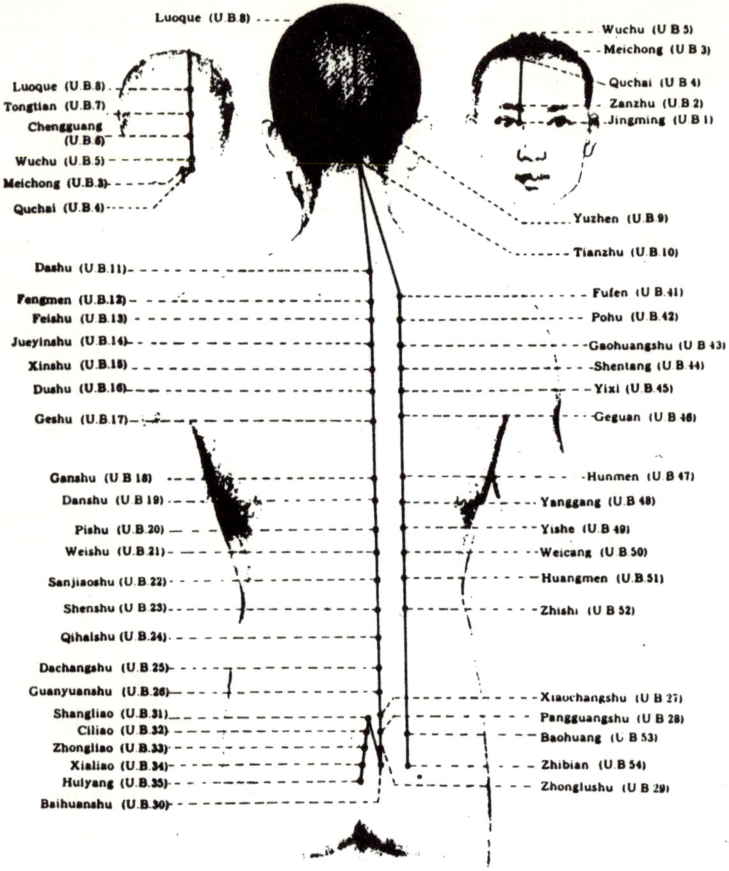

Punkte des Blasenmeridians

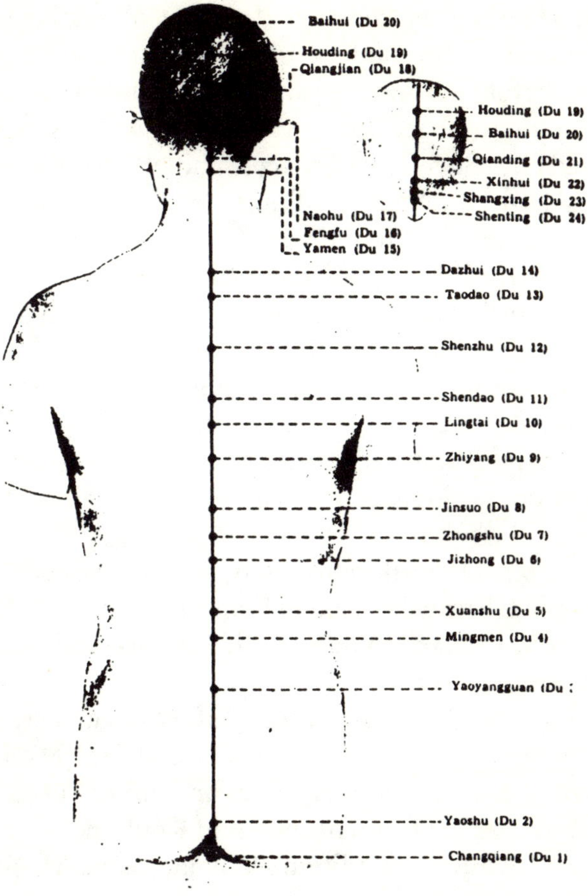

Punkte des Du Mai-Gefäßes oder Gouverneur-Meridians

Die Anwendungsbereiche der Hua To-Massage

Die Hua To-Methode wurde ursprünglich mit großem Erfolg bei Kindern angewendet, die unter Verdauungsstörungen litten, wie beispielsweise Appetitlosigkeit, Blähungen, Magenschmerzen, Verstopfung und Durchfall. Im Laufe der Geschichte, vor allem unter der Ming-Dynastie, wurde jedoch nach und nach entdeckt, daß diese Methode auch für Erwachsene bei den folgenden Beschwerden von wohltuender Wirkung war:

* chronische Atembeschwerden, wie Bronchitis, Asthma, Lungenemphysem usw.
* erhöhter Blutdruck (hierbei wird die Massage jedoch umgekehrt gegeben, das heißt, sie beginnt oben an der Wirbelsäule);
* Magen-Darm-Beschwerden, wie chronische Verstopfung, Erbrechen, akute Leberbeschwerden, Blähungen, Übelkeit, Völlegefühl, Magenschleimhautentzündung usw.;
* unregelmäßige und schmerzhafte Monatsblutung;
* zur Kräftigung des Körpers während der Rekonvaleszenz und als vorbeugende und unterstützende Maßnahme bei Erwachsenen und Kindern.

Am Institut für traditionelle chinesische Medizin in Kanton ist die Beobachtung gemacht worden, daß diese Massage die Abwehrkräfte bei damit behandelten Kindern erhöht und daß sie den Kindern, die leichtere geistige Störungen aufweisen, bei Anpassungsprozessen hilft.

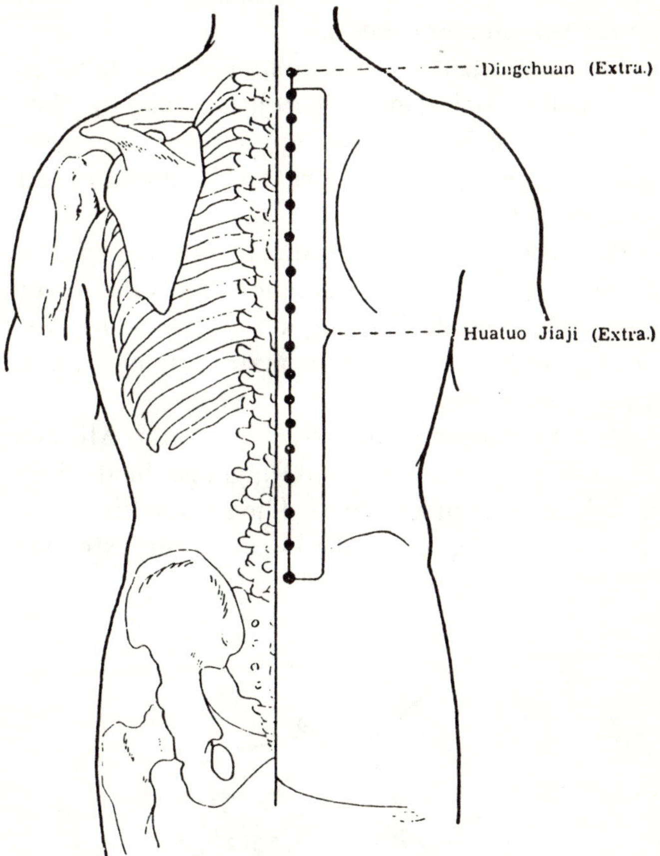
Dingchuan (Extra.)
Huatuo Jiaji (Extra.)

Die Anwendungsform der Hua To-Massage

Der beste Zeitpunkt für die Anwendung dieser Massage ist der frühe Morgen oder der Nachmittag vor dem Abendessen. Sie sollte niemals nach den Mahlzeiten verabreicht werden.

Für den Ablauf der Behandlung wird empfohlen, zuerst eine Woche lang täglich eine Sitzung zu geben, dann einen Monat lang wöchentlich eine Sitzung und schließlich eine Sitzung im Monat als unterstützende Maßnahme.

Der Patient sollte sich in einer für ihn möglichst bequemen Haltung auf ein ziemlich hartes Bett legen. Auch die sitzende Haltung auf einem Stuhl, nach vorn geneigt und mit aufgestützten Ellbogen, kann eingenommen werden.

Der Therapeut steht seitlich von ihm. Mit dem Mittelfinger, Zeigefinger und Ringfinger beider Hände bildet er einen Halbkreis. Die letzten Fingerglieder sind gekrümmt und die Daumen ausgestreckt.

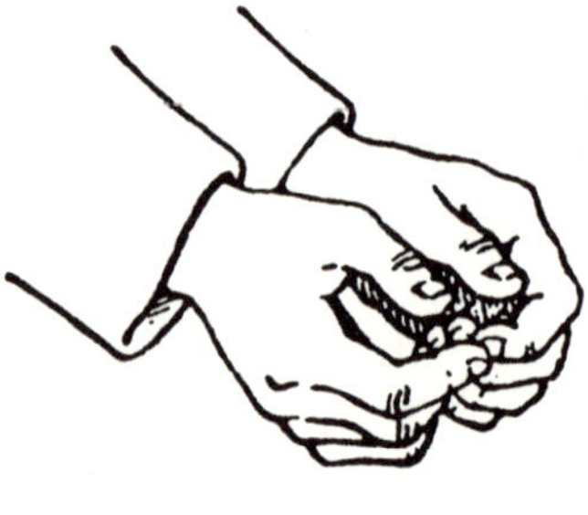

Dies ist die Handhaltung während der Massage. Arme und Hände sollten jedoch recht elastisch bleiben.

Die Behandlung selbst schließt ein, daß die Haut zusammengekniffen wird und die Finger darüber gleiten, wobei sie nach oben drücken: Nehmen Sie die Daumen und Zeigefinger beider Hände und ergreifen Sie behutsam die Haut auf der Höhe des Kreuzbeins einige cm zu beiden Seiten des Rückgrats. Halten Sie von Anfang bis Ende die Haut zwischen den Fingern und gehen Sie Schritt für Schritt die Wirbelsäule hoch bis zum Punkt *Ta Chui* auf der Höhe des siebenten Halswirbels *(Vertebra prominens)*, der am Halsansatz vorsteht.

Bei dieser Massage sind gleichzeitig drei Techniken anzuwenden:

* die Haut ziehen (zusammenkneifen)
* die Finger nach oben gleiten lassen
* leichten Druck auf die Haut ausüben.

Diese Aufwärtsbewegung entlang der Wirbelsäule ist fünfmal sehr langsam zu wiederholen.

Beenden Sie die Massage mit einem leichten Druck zu beiden Seiten der Wirbelsäule an dem beidseitigen Punkt auf Taillenhöhe, dem *Ming Men*, der sich genau gegenüber dem Nabel befindet und der Punkt der Nierenenergie ist. Damit ist die Massage abgeschlossen.

Nach der Behandlung sollte der Therapeut den Rücken des Patienten nicht berühren und diesen sich zehn bis dreißig Minuten an einem möglichst warmen Ort ausruhen lassen. Es ist vor allem darauf zu achten, daß es im Massageraum nicht zieht.

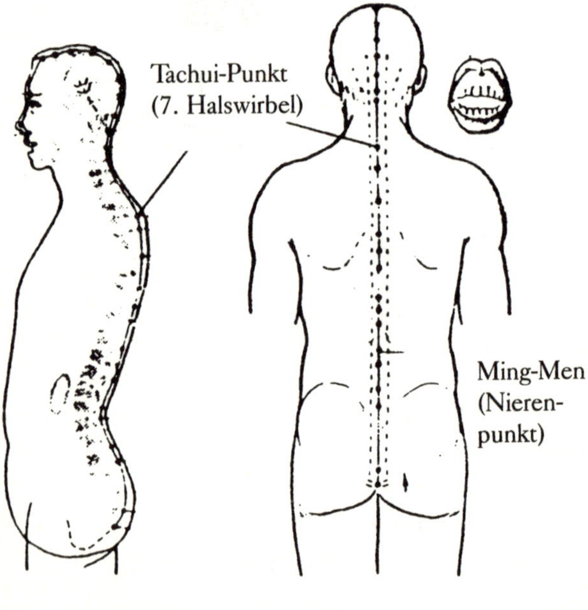

Die Energiemassagen

Nachfolgend drei Massagetechniken, die für die Chinesen zu den wichtigsten zählen.

1. Massage: die Fußsohlen

* Legen Sie die Spitze Ihres Zeigefingers auf den Punkt, der „sprudelnde Quelle“ genannt wird (siehe Abb.).

* Massieren Sie diesen Punkt einige Minuten lang mit Ihrem Zeigefinger und versuchen Sie dabei, „einen Brunnen zu graben“.

Mit dieser einfachen Übung regen Sie Ihre Vitalkraft an und entspannen gleichzeitig Ihren Geist.

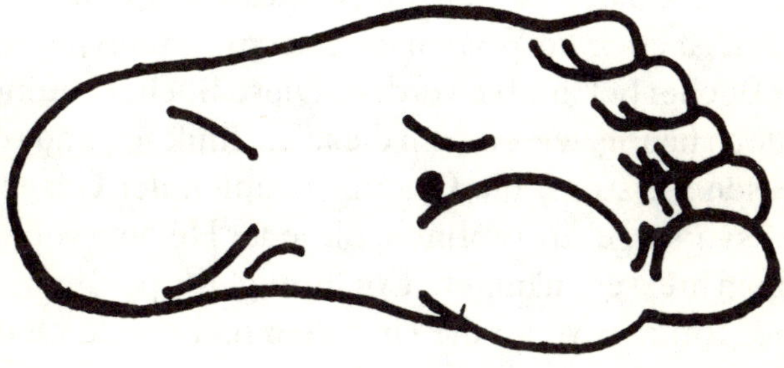

2. Massage: der Tan Tien

Richten Sie ein- bis zweimal wöchentlich die warme Luft eines Föns auf den Punkt *Tan Tien*, der ungefähr 2 cm unterhalb des Nabels liegt. Achtung, nicht verbrennen!

Damit regen Sie Ihre Vitalität und die Verdauung an und verbessern die Unterbauchatmung.

3. Massage: die Schläfen

Massieren Sie zur Entspannung Ihre Schläfen sanft mit den Fingerspitzen und beschreiben Sie dabei Kreise in beiden Richtungen.

Die chinesische Fingerpressur (Akupressur)

Die Heranziehung der Akupunkturpunkte für Massagen ist auch im Westen unter dem Einfluß populärer Bücher bekanntgeworden. Diese Bücher betonen jedoch häufig, wie einfach diese Technik sei, und vergessen meistens, die Grundprinzipien der Gesundheitsvorsorge zu erwähnen, die jeder Heilung vorausgehen müssen, nämlich: Ernährung, Körperübungen und Atmung. Wenn die Ursachen nicht wirklich beseitigt sind, wird die Krankheit sonst wieder auftreten – und auch die Fingerpressur wird sie nicht daran hindern können! Trotz allem ist diese aber ein nützliches Hilfsmittel, um die Zirkulation des Chi zu erleichtern und blockierte Punkte zu öffnen.

Nachfolgend einige wichtige Hinweise: Es ist ratsam, einmal in der Woche in der angegebenen Reihenfolge (vom Kopf bis zu den Füßen) zu massieren oder diese Methode auch manchmal vorbeugend gegen Krankheitssymptome anzuwenden. Wie bereits erwähnt, muß jedoch vor allem die ganze Lebensweise verändert werden – die Behandlung von Akupressurpunkten ist nichts anderes als eine Art von Hinhaltetaktik.

Die Vorbereitung für die Fingerpressur

* Setzen Sie sich im Lotos- oder Schneidersitz hin.
* Reiben Sie Ihre Hände gegeneinander.
* Schließen Sie die Augen und richten Sie Ihr Gewahrsein auf sich selbst.
* Drücken Sie jeden Punkt dreimal fest und den Druck nach und nach verstärkend mit der Fingerkuppe des Daumens oder Zeigefingers nach Ihrer Wahl.
* Schließen Sie jedesmal, nachdem Sie einen Punkt

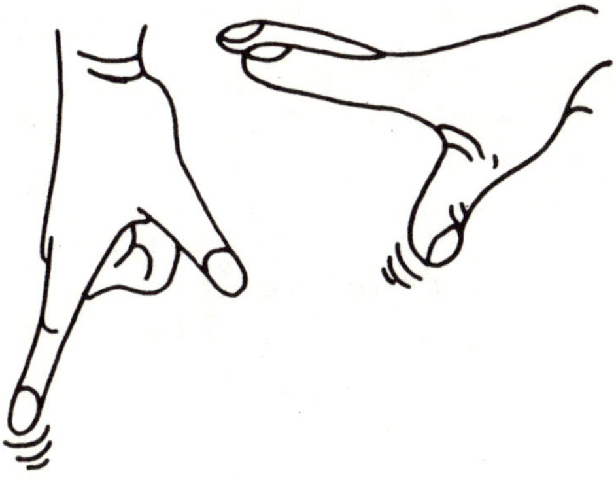

gedrückt haben, die Augen und spüren Sie Ihre Energie.

* Fühlen Sie sich nicht unter Zeitdruck.

Die genaue Lokalisierung der Punkte

Der Kopf

1. Auf der Mittellinie des Kopfes, zwei Fingerbreit oberhalb der Haarwurzeln; hilft gegen Schwindelzustände und Magenschmerzen.

2. Zwischen den Augenbrauen an der Nasenwurzel; stärkt die Augen und die intuitive Wahrnehmung.

3. Im Innern der Augenhöhle, in Richtung der Nase; lindert Kopfschmerzen und Ermüdungserscheinungen der Augen.

4. Genau unterhalb der Nase; regt die Schleimdrüsen an, lindert Niesen, Schnupfen und Nebenhöhlenkatarrh.

5. Seitlich oberhalb der Nasenflügel; kräftigt die Lungen und wirkt lindernd bei Allergien.

6. Seitlich unterhalb der Backenknochen; bekämpft Entzündungen im Kopf und Brustkorb.

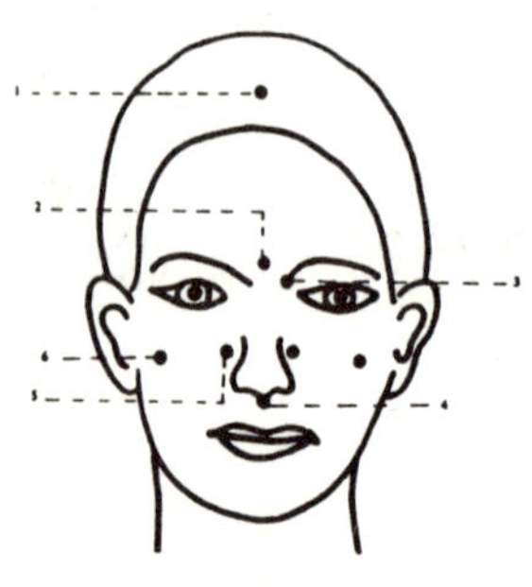

Der Hals

7. Oberhalb des Brustbeins, von dort aus mit dem Finger nach unten gehen und drücken; bringt nervöses Herzklopfen zum Stillstand, besänftigt den Geist und stärkt die Kehle.

8. Zu beiden Seiten der Schilddrüse; kräftigt die Schilddrüse und wirkt erwärmend auf den Körper.

9. Auf dem Muskel am Halsansatz; stärkt den Sympathikus und wirkt lindernd bei Angina.

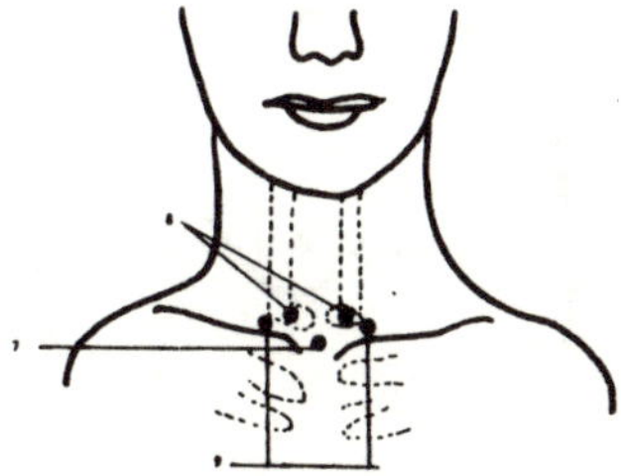

Brustkasten und Unterleib

10. In der Mitte des Brustbeins, auf der Höhe der Brustwarzen (bei Männern); stärkt das Herz.

11. Auf beiden Seiten dicht innen am Brustkorb; stärkt Milz und Bauchspeicheldrüse.

12. Etwa 2 cm unterhalb des Brustbeins; stärkt den Solarplexus, wirkt beruhigend auf die Nerven, auf Angst und Magenverstimmung aufgrund von nervlichen Problemen.

13. Etwa 2 cm oberhalb des Nabels; wirkt harntreibend und erleichtert die Ausscheidung, steigert außerdem die Vitalenergie.

14. Die Stelle, wo sich die beiden Schambeinknochen treffen; kräftigt die Geschlechtsorgane (bei Männern und Frauen).

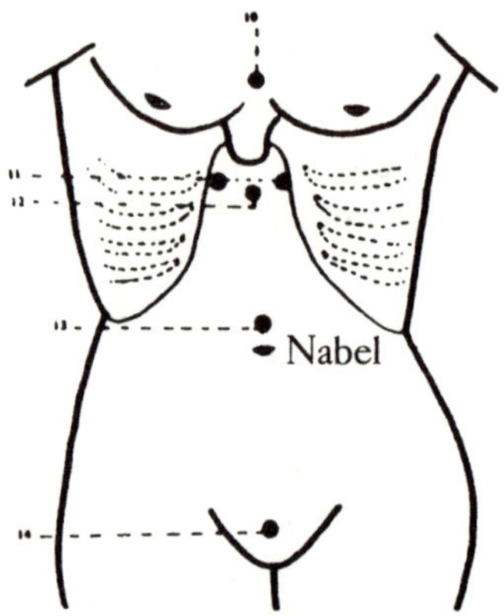

Hände und Beine

15. Dieser sehr bekannte Punkt, der „harmonisiertes Wasser" (oder auch „Talgrund") genannt wird, regt die Abwehrkräfte des Körpers an und hat eine lindernde Wirkung auf Schnupfen, Angina und Kopfschmerzen.

16. Unter der Kniescheibe, wo das Schienbein auf der äußeren Seite beginnt; dieser wichtige Punkt, der von den Chinesen *San li* („drei Entfernungen") genannt wird, regt die Energie an und stärkt den unteren Teil des Körpers.

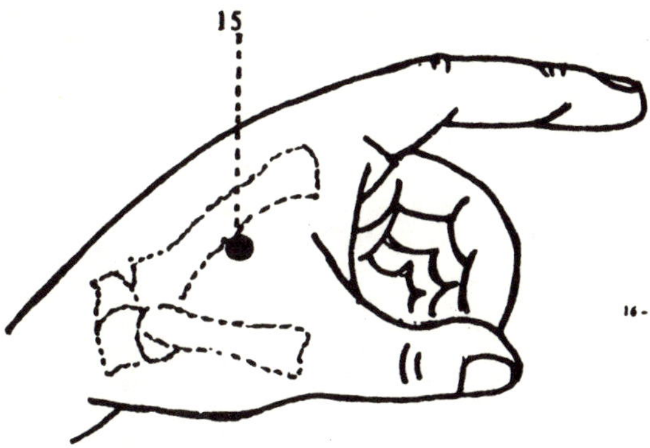

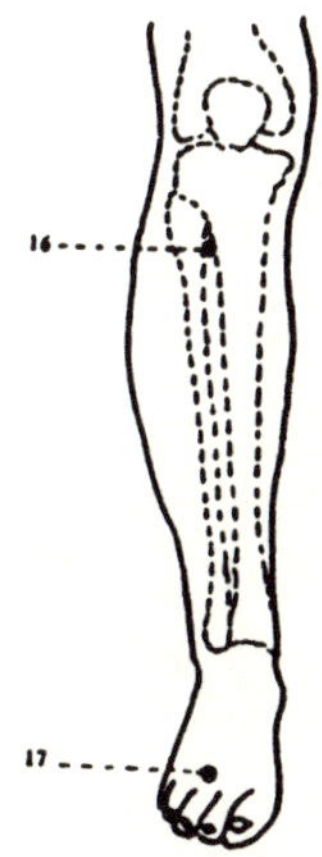

17. An der Wurzel zwischen dem zweiten und dritten Zeh; dieser Punkt erwärmt die Füße und regt den Magen an.

Drücken Sie zum Abschluß den Punkt „sprudelnde Quelle“ auf der Fußsohle (siehe S. 135).

Kapitel V

Die taoistische Entspannung

Der Mensch, der bestrebt ist, ständig tätig zu sein, beschleunigt seinen Tod. Ebenso wird die Selbstlosigkeit empfohlen, denn die Selbstsucht führt zum Tod. Das Leben untersteht einem Grundsatz: es ist nicht von uns abhängig.

Tschuang Tse

Die Philosophie des Tao

Wie Tschuang Tse uns rät, ist es bisweilen gut, innezuhalten und nicht ungeduldig darauf zu warten, daß etwas geschieht. Wenn man sich in einen solchen Zustand des „Nicht-Handelns" und Annehmens versetzt, kann die Lebensenergie ungehindert zirkulieren; dadurch verschwinden psychische Spannungen, und Krankheiten haben keine Angriffsfläche mehr. Im *Nei King*, der alten Abhandlung über Akupunktur, heißt es: „Die Weisen raten, ein einfaches und friedliches Leben zu führen, um 'unnatürliche' Krankheiten vermeiden zu können."

Die Philosophie des Tao steht in Zusammenhang mit der Erfahrung, im gegenwärtigen Augenblick zu leben – eine Lebensweise, die körperlichen oder geistigen Leiden wenig Möglichkeit der Einwirkung bietet. Die Chinesen machen kaum Unterschiede zwischen Körper und Geist: Der schlechte Zustand des einen hat auch die Erkrankung des anderen zur Folge. Von Hui Neng, dem Patriarchen der buddhistischen Chan-Schule, ist der Ausspruch überliefert: „Vollkommene Geistesruhe ist im gegenwärtigen Augenblick. Denkt, daß dies im Augenblick 'ist' und daß dieser Augenblick keinerlei Begrenzung hat und daß sich dort die ewige Glückseligkeit befindet."

Wenn der Geist in einem Zustand der Ruhe und Heiterkeit verweilt, werden alle Krankheiten verschwinden, weil sie dort keine Wurzeln schlagen können.

Die taoistische Entspannung

Nachfolgend wird eine traditionelle Entspannungsmethode dargestellt, die auf der Bewußtwerdung der Energiebahnen des Körpers (Akupunkturmeridiane) beruht.

* Legen Sie sich auf den Boden, und praktizieren Sie einige Minuten lang die Unterbauchatmung (siehe S. 109).

* Entspannen Sie im Geiste jedesmal, wenn Sie ausatmen, einen anderen Körperbereich:

1. Ausatmung – den Scheitelpunkt des Kopfes
2. Ausatmung – die Kehle
3. Ausatmung – den Brustkorb
4. Ausatmung – den Unterbauch
5. Ausatmung – die Beine
6. Ausatmung – die Füße.

* Folgen Sie derselben Energiebahn, aber visualisieren Sie dabei den Rücken:

1. Ausatmung – den Scheitelpunkt des Kopfes
2. Ausatmung – den Nacken
3. Ausatmung – den oberen Rücken (Brustwirbel)
4. Ausatmung – den unteren Rücken (Lendenwirbel)
5. Ausatmung – die Gesäßbacken
6. Ausatmung – die Beine
7. Ausatmung – die Füße.

* Entspannen Sie dann die Schultern, die Arme und die Hände.

Diese Methode heilt von Schlaflosigkeit und schützt vor „Streß“.

Visualisierungstechniken der Tien Tai-Schule

Die geistige Visualisierung bestimmter Energiezentren im Körper ist von den Buddhisten und Taoisten auch zur Heilung von Krankheiten oder zur Stärkung der Lebenskraft angewendet worden. Der Meister Chih I aus dem Kloster Hsui Chan hat die folgenden Methoden weitergegeben:

* Visualisieren Sie im Geiste einige Minuten lang die erkrankte Körperstelle. Durch die Konzentration wird es dem Chi ermöglicht, die kranke Stelle zu erreichen und ihr Energie zuzuführen.
* Visualisieren Sie den *Tan Tien*-Punkt 2 cm unterhalb des Nabels. Wenn das Chi zu diesem Punkt fließt, wird die Vitalität gestärkt.
* Visualisieren Sie Ihre Fußsohlen.

„Wenn der Geist während des Gehens, der Ruhe, der Arbeit und des Schlafes auf die Fußsohlen gerichtet ist, werden die Krankheiten geheilt." – Dies erklärt sich daraus, weil die Fußsohlen das Eingangstor der irdischen Energie sind, welche die Fünf Elemente stärkt.

Der bewußte Schlaf

Die Taoisten haben den Schlaf dazu genutzt, um „Unsterblichkeit" zu erlangen – den Zustand der spirituellen Verwirklichung. Chang Sang Feng, der die Bewegungsübungen des *Tai Chi Chuan* ins Leben rief, hat die Technik, die den Zugang zu innerer Freude durch den Schlaf ermöglicht, wie folgt beschrieben: „Ich schlafe die ganze Zeit über, aber ich schlafe, ohne zu schlafen – ich meditiere."

Der Schlaf, der erquickend und regenerierend sein sollte, wird allzuoft nur zu einer weiteren Gelegenheit, uns „unnatürlichen Attacken" ausgesetzt zu sehen, wie Schlaflosigkeit, steifer Hals, eingeschlafene Glieder, Krämpfe und Angstzustände. Der Ausdruck „wie ein Hund schlafen", der häufig von den Taoisten verwendet wird, bezieht sich auf den tiefen Schlaf, der gleichzeitig entspannt, aber luzid und bewußt ist und den wir zu unserem eigenen machen sollten.

Der Yogi Lu Kuan Yu rät, sich in folgender Weise auf den Schlaf vorzubereiten:

* Legen Sie sich auf die rechte oder linke Seite (wir wählen in unserem Beispiel die rechte Seite).
* Nehmen Sie Ihre rechte Hand als „Kopfkissen".
* Strecken Sie den linken Arm entlang des Körpers aus.
* Strecken Sie das rechte Bein aus.
* Legen Sie das linke Bein ein wenig angewinkelt auf das rechte.

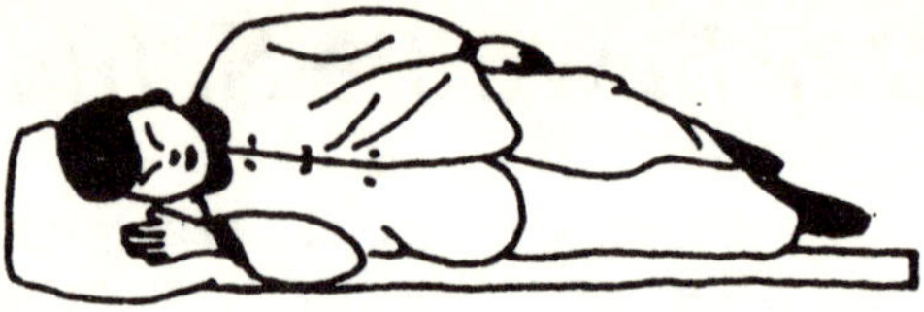

Wir müssen jedoch zugeben, daß auch ein guter Schlaf von Atemübungen, Körperpflege, gesunder Ernährung und der Fähigkeit abhängt, sich während des Tages entspannen zu können.

Geheime taoistische Praktiken

Die Taoisten legen besonderen Wert auf bestimmte Praktiken, die uns auf den ersten Blick merkwürdig vorkommen könnten. Diese Methoden lassen sich in Ihre täglichen Übungen integrieren und werden – trotz ihrer scheinbaren Einfachheit – eine große Hilfe für Sie darstellen. Sie alle haben im Hinblick auf die Physiologie der Energie ihre Berechtigung.

Den Speichel hinunterschlucken

Die Taoisten raten dazu, den Speichel hinunterzuschlucken, um Lebenskraft zu erzeugen.

Die beste Art und Weise, dies zu tun, besteht darin, den Gaumen rasch mit der Zunge zu berühren. Wenn der Mund voller Speichel ist, sollte dieser schnell hinuntergeschluckt werden; dies kann von einem Geräusch in der Kehle begleitet sein. Man kann dabei auch den Hals nach hinten biegen.

Der Speichel, von den Taoisten als „Lebenslikör" bezeichnet, dient auch dazu, die chinesische Diagnose in der Akupunktur zu untermauern. Ein Mangel an Speichel (trockener Mund) zeigt beispielsweise einen Mangel an Yin und Flüssigkeit im Körper an.

Den Gaumen mit der Zunge berühren

Alle Atem- und Körperübungen, die wir in Kapitel III beschrieben haben, können ausgeführt werden, während die Zunge den Gaumen berührt, das heißt, die Zungenspitze an den Zahnwurzeln des Oberkiefers liegt. Damit verbinden Sie zwei wichtige Meridiane: das Gouverneurgefäß *(tou mo)* und das Konzeptionsgefäß *(jen mo)*.

Sie aktivieren damit auch den Strom der psychischen Energie, die durch die acht besonderen Meridiane fließt, welche die Grundlage für die spirituelle Entwicklung bilden.

Die Aufmerksamkeit auf die Fußsohlen lenken

Diese Methode ist bei den Visualisierungstechniken bereits kurz beschrieben worden.

Die Fußsohle unterstützt den Eintritt der Yin-Energie der Erde in den Körper durch den ersten Punkt des Nierenmeridians; dieser Punkt trägt den Namen „sprudelnde Quelle". Wenn die Aufmerksamkeit auf diese Körperstelle gelenkt wird, so reinigt dies die irdischen Wurzeln des Menschen und führt dazu, daß die Energie ein wenig das Gehirn verläßt –

die Hauptursache für unsere psychosomatischen Störungen. Durch die Bewußtmachung dieses Punktes können die Nerven leichter entspannen, und dies hilft Schlaflosigkeit und zwanghafte Vorstellungen vermeiden.

Buddha selbst soll gesagt haben: „Tausendundeine Krankheit wird geheilt, wenn man die Aufmerksamkeit auf die Fußsohlen richtet."

Die Aufmerksamkeit auf den Tan Tien lenken

Von dem japanischen Arzt Hayuku stammt der Ausspruch: „Wenn man die überreichlich vorhandene Energie des Raumes unter dem Nabel ansammelt und sie Monate und Jahre dort bewahrt . . . dann wird eines schönen Morgens durch das Anzünden des alchimistischen Tiegels (= Atmungsprozeß) das Universum die Kristallisation des Lebenselixiers hervorbringen."

Ebenso wird, wenn man die Aufmerksamkeit auf den Bereich unterhalb des Nabels konzentriert, die Vitalität angeregt. Dieser Vorgang stellt auch den Ausgangspunkt für jede spirituelle Suche dar. Die abendländischen Religionen und Sekten raten allerdings – oft aus Puritanismus – von der Konzentration auf den *Tan Tien* (oder *Hara*) ab; denn es stimmt, daß diese Methode die natürlichen Instinkte verstärkt und eine Zunahme an vitaler Energie hervorruft.

Diese Bewußtmachung des Bauches kann in jedem Augenblick während des Tages praktiziert werden: bei den Übungen, während der Arbeit, in der Ruhezeit. Die belebenden Wirkungen lassen nicht lange auf sich warten und sind fühlbar zu spüren.

In der Akupunktur kann durch die Behandlung dieses Punktes, der ungefähr 2 cm unterhalb des Nabels liegt, der „untere Raum“ (Nieren, Blase, Eingeweide) gestärkt und eine Blockierung der Unterbauchatmung behoben werden.

Die Butter-Methode

Wie bereits erwähnt, waren die Taoisten schon frühzeitig Psychosomatiker. Die im folgenden beschriebene Methode könnte durchaus Bestandteil einer Sitzung des Autogenen Trainings oder der Sophrologie sein. Sie ist uns durch Hakuyu überliefert.

* Setzen Sie sich im Schneidersitz hin; der Bauch sollte durch nichts eingeengt sein.
* Schließen Sie die Augen.
* Stellen Sie sich vor, daß jemand auf den Scheitelpunkt Ihres Kopfes ein halbes Pfund Butter legt (bitte nicht lachen!).
* Die Butter wird langsam schmilzen und Ihnen den Kopf hinunterlaufen. Stellen Sie sich dabei auch vor, daß das flüssige und warme Fett in Ihren Kopf eindringt.
* Die flüssig gewordene Butter fließt weiter über den Hals, den Brustkorb und die Schultern.
* Die warme Feuchtigkeit dringt in die Arme, die Brust, den Bauch, den Unterleib und schließlich in die Beine ein.
* *Spüren* Sie ganz physisch diesen Vorgang, machen Sie sich nicht nur etwas vor.
* Beginnen Sie ein zweites Mal mit dieser Übung,

und stellen Sie sich vor, daß Krankheiten und Schmerzen hinabfließen und in den Boden hineingezogen werden.

Sie werden von den Ergebnissen überrascht sein und sich verjüngt fühlen, da der Körper einen großen Energiezuwachs erhält.

Praktizieren Sie dies im Falle einer Krankheit jeden Tag und einmal pro Woche, um den Zustand beizubehalten.

Die Atmung durch die Knochen

Sie werden nun eine sehr alte chinesische Methode zur Entspannung und Regeneration ausprobieren können. Die dabei erreichte Entspannung geht so tief, daß die alten Taoisten diese Übung „die Atmung durch die Knochen" nannten; damit wollten sie hervorheben, daß die Sauerstoffversorgung des Körpers leichter und tiefgehender ist, wenn sie durch ein entspanntes Gewahrsein unterstützt wird. Der beste Weg, um geistige Harmonie und körperliche Gesundheit zu erlangen, besteht darin, sich jeden Tag einige Minuten Zeit für die Praxis von Entspannung und Meditation zu gönnen. Dadurch werden sich die Muskeln lockern, und das Blut zirkuliert besser; der Geist tritt zurück, wodurch er den vegetativen Lebensvorgängen und dem Prozeß der Selbstheilung mehr Raum läßt.

Zahlreiche wissenschaftliche Berichte weisen die Berechtigung der Entspannungsmethoden im allgemeinen nach. Wir haben jedoch eine jahrtausendealte Methode ausgewählt, die von der Erfahrung der chinesischen Weisen profitiert – denselben, welche die Grundlagen der traditionellen Akupunktur entdeckten und solche Weisheitsbücher wie das *Tao Te King* und das *I Ging* verfaßten. Diese Entspannungsübung wird von einer feinfühligen Musik chinesischer Herkunft begleitet, deren Funktion über das ästhetische Hörerlebnis hinausgeht und dazu beitragen soll, die grundlegende Harmonie zu erreichen, die von den alten Weisen im Reich der Mitte „Tao" genannt wurde.

Ziehen Sie sich in ein ruhiges Zimmer zurück, wo Sie sicher sind, nicht gestört zu werden.

Der Raum muß eine angenehme Temperatur haben, weder zu kühl noch zu stickig und gut gelüftet sein. Nach Wunsch können Sie etwas Räucherwerk darin verbrennen.

Legen Sie sich ausgestreckt auf einen Teppich, eine Decke oder, wenn dies nicht möglich ist, auf Ihr Bett oder eine Liege. Sie können sich ein kleines Kopfkissen unter den Kopf legen.

Entspannen Sie sich nun völlig ...

Atmen Sie dann mehrmals tief ein und aus. Entspannen Sie sich bei jedem Ausatmen ganz bewußt ...

Stellen Sie sich nun vor, daß sich eine kleine Kugel aus reiner Energie und von roter Farbe in Ihrem Bauch auf der Höhe des Nabels befindet. Diese Energiekugel strahlt ihre Wärme im ganzen Körper aus. Visualisieren Sie, wie ihre warmen roten Strahlen stetig zu den Gliedmaßen strömen. Spüren Sie die Ausdehnung dieser Wahrnehmung, die sich jeder Zelle, jedem Muskel, jedem Blutgefäß, jedem Nerv, jedem Organ ... mitteilt.

Genießen Sie einige Augenblicke lang diesen kraftvollen Zustand.

Stellen Sie sich nun vor, daß Ihr Atem, Ihre Atmung die Form von reiner und lebendiger Energie annimmt. Jedesmal, wenn Sie einatmen, tritt der Atem in den Körper ein, erfüllt ihn bis in die kleinste Zelle hinein und lädt ihn mit Energie auf. Jedesmal, wenn Sie ausatmen, verläßt der Atem den Körper und ist mit den angesammelten Unreinheiten und Spannungen des Körpers beladen.

Atmen Sie langsam nach Ihrem eigenen Rhythmus. Versuchen Sie nicht, Ihre Atmung zu verändern.

Stellen Sie sich nun vor, daß der Atem bei jedem Einatmen durch die Füße in Ihren Körper eintritt. Er tritt durch die Zehen ein, steigt die Fußknöchel und die Beine zum Bauch hoch ...

Jedesmal, wenn Sie ausatmen, verläßt der Atem, mit Unreinheiten beladen, den Körper über denselben Weg, über die Beine, die Knie, die Fußknöchel und die Füße; und mit jedem Einatmen kehrt der Atem über die Füße, die Fußknöchel, die Knie, die Beine in den Bauch zurück.

Wiederholen Sie dies bewußt mehrere Male ...

Visualisieren Sie dann, daß Ihr Atem langsam

durch die Hände eindringt, entlang der Unterarme, der Ellbogen, der Oberame hochsteigt bis zum Kopf und von dort, beladen mit Unreinheiten, den Körper über die Arme, die Ellbogen, die Handknöchel und die Hände wieder verläßt.

Wiederholen Sie auch dies mehrere Male ...

Richten Sie nun Ihr Bewußtsein auf die gesamte Oberfläche Ihrer Haut: von den Füßen bis zum Kopf, vom Bauch zum Rücken ...

Das Bewußtsein richtet sich auf alle Hautporen. Spüren Sie bei jedem Einatmen, wie der Atem in Form einer leuchtenden Energie durch die Haut eindringt.

Bei jedem Ausatmen verläßt der Atem, beladen mit Unreinheiten, den Körper auf demselben Weg.

Wiederholen Sie auch dies mehrere Male ...

Richten Sie nun Ihr Bewußtsein auf einen noch tieferen Bereich: auf die Gesamtheit der Muskeln und des Fleisches ...

Bei jedem Einatmen durchdringt der Atem die Muskeln und das Fleisch, besonders im Gesicht, in den Gliedmaßen und den inneren Organen. Dadurch wird der Körper auf tiefgehende Weise belebt.

Bei jedem Ausatmen verläßt der Atem den Körper mit einer trüberen und dunkleren Farbe und kehrt bei jedem Einatmen heller und leuchtender zurück.

Wiederholen Sie dies mehrere Male ...

Nun sind wir auf der tiefsten Stufe der Entspannung angelangt. Mit jedem Einatmen gelangt der Atem durch die Haut, durch das Fleisch bis zu den Knochen selbst, und zwar im ganzen Körper, von den

Füßen bis zum Kopf. Bei jedem Einatmen werden die Knochen ganz tief vom Atem durchdrungen und vitalisiert. Bei jedem Ausatmen nimmt der Atem alle Unreinheiten aus dem Körper mit hinaus. Wiederholen Sie dies mehrere Male.

Verweilen Sie nun in einem Zustand tiefer Entspannung, in dem Sie sogar vergessen, auf den Atem zu achten ...

Die taoistische Meditation

Meditationspraxis geht zweifellos über den Rahmen des Themas „Gesundheit“ hinaus. Ihre Nebenwirkungen ermöglichen es jedoch, den unauflösbaren Schwierigkeiten des Lebens gelassener gegenübertreten zu können.

Wenn der Körper entspannt ist und der Geist befriedet, können die Lebensenergien leichter fließen, und dies hat auch eine harmonisierende Wirkung auf die Organfunktionen. Sicher sollte die Meditation all jenen empfohlen werden, die an einer schweren Krankheit leiden – und wäre es auch nur deshalb, um den Schmerz im kosmischen Nicht-Sein ein wenig zu verringern, denn das Ziel der Meditation ist ein Aufgehen des Ichs in der kosmischen Leerheit.

In den Klassikern der frühen Taoisten, dem berühmten *Tao Te King* des Lao Tse, den Werken von Tschuang Tse oder dem klassischen Werk über die vollkommene Leere von Liä Dsi wird die taoistische Meditation nicht klar und deutlich erklärt. Das *Tao Te King*, das jedem zur Lektüre empfohlen wird, verlangt kein Begreifen auf der intellektuellen Ebene, und esoterische Kommentare abendländischer Gelehrter stehen häufig in keinem Zusammenhang mit der Essenz des Textes, der schlicht und einfach eine Erfahrung vermittelt: die des Erwachens und des Verschmelzens mit dem Tao. Einzig und allein die erlebte Erfahrung, wie gering sie auch sein mag, kann ein intuitives Verstehen des *Tao Te King* ermöglichen. Dafür ist es nicht notwendig, Gelehrter, Sinologe, Arzt oder Psychoanalytiker zu sein – ganz im Gegenteil, alle intellektuellen Erkenntnisse sind häufig ein Hindernis dafür, in das Tao „einzutauchen".

Die nachstehende Beschreibung der taoistischen Meditationstechnik stammt von dem zeitgenössischen Meister Yin Shi tsu.

Zeit und Dauer der Meditation

Die beste Zeit ist am Morgen nach dem Aufstehen oder am Abend vor dem Zubettgehen. Die Taoisten sind der Ansicht, daß der beste Zeitpunkt zum Meditieren zwischen elf Uhr abends und ein Uhr morgens liegt, wenn draußen alles Yin (Nacht) ist und die Wurzel des Yang im Menschen zu entstehen beginnt.

Man sollte sich nicht zum Meditieren „zwingen". Wenn Sie das Gefühl haben, die Meditation über dreißig Minuten hinaus auszudehnen, um so besser – doch wenn der Geist zu sehr abgelenkt ist, kann man wenig machen, und Sie hören besser auf.

Die Meditationshaltung

Ziehen Sie sich in ein ruhiges Zimmer zurück, wo Sie nicht gestört werden. Wenn Sie ein Räucherstäbchen anzünden, ist dies für die Meditation förderlich, da die gewöhnlichen Gerüche den Geist trüben.

Setzen Sie sich auf ein bequemes Kissen. Zu Anfang, wenn Ihre Beine durch mangelnde Übung noch steif sind, sitzen Sie am besten im Schneidersitz. Die Knie sollten auf der gleichen Höhe oder etwas tiefer als der Bauch sein. Wählen Sie dafür ein Kissen, das so hoch ist, wie Sie es brauchen. Wenn die Knie zu hoch sind, pressen Sie die Leistengegend zusammen und können daher nicht frei atmen.

Der Bauch darf von keiner engen Hose oder einem Gürtel eingeschnürt werden.

Der Bauch ist entspannt.

Das Zwerchfell ist entspannt.

Die Schultern sind entspannt und werden ein wenig nach hinten gehalten.

Beide Hände liegen ineinander dicht am Unterleib; die Daumen kreuzen sich auf oder über der oberen Hand.

Die Hände sind entspannt.

Der Kopf wird gerade gehalten, aber nicht starr.

Die Augen sind geschlossen.

Der Mund ist geschlossen, aber unverkrampft.

Die Zunge berührt die Zahnwurzeln des Oberkiefers ohne Anspannung.

Sie atmen durch die Nasenlöcher.

Die Meditation

Versuchen Sie, Gedanken fernzuhalten. Meditation dient weder dem Nachdenken über Probleme noch stellt sie eine Gelegenheit dar, sich seinen bevorzugten Zwangsvorstellungen hinzugeben. Lassen Sie los.

Richten Sie Ihre Aufmerksamkeit nach innen, in Ihr eigenes Inneres – des Körpers, des Bewußtseins, des Fühlens und Denkens, vor allem in die Mitte des Bauches, ohne sich dabei zu verkrampfen.

Atmen Sie auf natürliche Weise durch den Bauch. Lassen Sie das Zwerchfell den Bauch mit dem Einatmen anschwellen und mit dem Ausatmen wieder erschlaffen.

Diese Atemtechnik kann auch im täglichen Leben angewendet werden; sie wird die „natürliche Atmung des Kindes" genannt. Richten Sie von Zeit zu Zeit Ihre Aufmerksamkeit auf die Atmung, so daß Sie diese durch und durch „spüren". Diese alleinige Methode soll zur Erleuchtung führen, wie Buddha sagte.

Erfahrbare Wahrnehmungen

* eine gleichmäßigere und verlangsamte Atmung
* Wärmegefühl im Unterleib
* ein Vibrieren in der Nabelgegend (nach einigen Wochen Praxis)
* Ausgewogenheit
* ein meditativer Zustand, der sich auf alle alltäglichen Aktivitäten ausdehnt, wie Gehen, Denken, Sitzen
* ein wirksamerer Schlaf

* das Verschwinden von nervösen Störungen, wie Schlaflosigkeit, nervöse Gereiztheit und Krämpfe
* eine vermehrte Vitalität.

Natürlich gibt es auch kompliziertere chinesische Meditationstechniken, wie die Meditation auf die Energiekreisläufe des Körpers und die psychischen Zentren. Doch ähnlich wie in der Medizin sind die einfachsten Heilmittel häufig die wirkungsvollsten. Die oben dargestellte Meditation kann Ihnen gute Dienste leisten. Immerhin können Sie sich danach die Kapriolen der taoistischen Yogis erlauben ...

Die taoistische Psychologie

Die traditionellen Ärzte Chinas haben sich schon seit langem mit geistigen Problemen und Blockierungen beschäftigt. Wie bereits erwähnt, machen die Chinesen wenig Unterschied zwischen körperlichen und geistigen Funktionen; deshalb sprechen sie auch nicht von einem Organ, sondern von der „inneren Eingeweidefunktion". Die „körperliche" Krankheit bringt die „seelische" Krankheit mit sich - beide Formen sind untrennbar miteinander verbunden. Aus diesem Grunde ist die für psychologische Probleme angewendete Therapie dieselbe wie für physische Probleme, nämlich: Ernährung, Atmung, Körperübungen, Massage und Kräuter.

Damit wir die Funktionsweise dieser körperlich-geistigen Wechselwirkung besser verstehen können, wollen wir nochmals zu der Übersicht über die Fünf Elemente zurückkehren (siehe S. 18 f.).

* Probleme mit der Leber verursachen Zorn (Yang) oder sein Gegenteil, Apathie (Yin).
* Probleme mit dem Herzen verursachen übermäßige Freude (Yang) oder Beunruhigung (Yin).
* Probleme mit der Milz verursachen Melancholie (Yin) oder Zwangsvorstellungen, die mit der Vergangenheit verbunden sind (Yang).
* Probleme mit den Lungen verursachen Kummer (Yin) oder Aggressivität (Yang).
* Probleme mit den Nieren verursachen Willensschwäche und Angst (Yin) oder ein herrschsüchtiges Verhalten (Yang).

Die Lösung für zahlreiche psychologische Probleme liegt häufig in der Meditationspraxis. „Wenn man gleichmütig und leer ist, tritt die wahre Energie in Erscheinung...", heißt es in der Schrift *So Ouenn*. Doch es ist ganz offensichtlich nicht leicht, „der Leerheit ins Auge zu schauen", und dies enthüllt recht häufig die Existenzangst, die von solchen Manien wie Geschwätzigkeit, stumpfsinniger Arbeit, unaufhörlicher geistiger Betägigung usw. überdeckt wird. Dies ändert aber nichts an der Lösung: daß man die eigenen Ängste akzeptieren muß, um mit seinen Problemen umgehen zu können.

Es gibt jedoch eine praktische Nutzung des Gesetzes der Fünf Elemente im Bereich der Psychologie. Durch den Kreislauf der wechselseitigen Beherrschung der Elemente untereinander wissen wir, daß

* Zorn durch Kummer beherrscht wird;
* übermäßige Freude durch Angst beherrscht wird;
* Melancholie durch Zorn beherrscht wird;
* Traurigkeit durch Begeisterung beherrscht wird;
* Angst durch Melancholie beherrscht wird.

Praktisch sieht das so aus: Wenn man sich unter dem Einfluß von einem der hier genannten Zustände fühlt, muß man versuchen, ihn dadurch unter Kontrolle zu bringen, daß man ihm einen anderen Geisteszustand entgegensetzt. Es ist nichts besser dazu geeignet, unterdrückten Zorn zu besänftigen als die Erinnerung an schmerzvolle Begebenheiten.

Nun müssen wir uns in den Bereich des Irrationalen begeben und das Problem ansprechen, das sich durch die *Kouei* stellt. Die *Kouei,* wörtlich übersetzt die „Phantome", verkörpern die disharmonischen Energien, die mit negativ erlebten Erfahrungen verbunden sind. Die Bioenergetik nach Wilhelm Reich folgt einem ähnlichen Weg, indem sie versucht, die Ursachen für körperliche Spannungen wiederaufleben zu lassen, um sie beseitigen zu können.

Die *Kouei* finden auf zwei Arten Zugang:

* unter Schockzustand, wobei sich die Gegenwart als zu hart erweist, um durchlebt werden zu können;
* in der Nähe von bestimmten Orten, die negativ „aufgeladen" sind (siehe dazu auch das folgende Kapitel über schädliche Erdströme).

Konkret manifestieren die *Kouei* sich in grundlosen Beklemmungen und ungerechtfertigten Angstzuständen, in Zwangsvorstellungen, geistigen Blockaden und Beziehungsschwierigkeiten. In der Akupunktur gibt es kaum bekannte Methoden, die dazu bestimmt sind, die *Kouei* „zum Verschwinden“ zu veranlassen; doch die Meditationspraxis auf die Leerheit und die Verschmelzung mit der Natur ist sicher eines der besten Mittel, für ihre Präsenz empfänglich zu werden und sie zu beseitigen.

Mantras - die Energielaute

Die Rezitation von heiligen Worten, die in der indischen Tradition als *Mantras* bezeichnet werden, ist in ganz Asien verbreitet. Die Mantras, die in Chinesisch *Chou* heißen, wurden von den buddhistischen Schulen Chan und Reines Land ebenso wie von den Taoisten verwendet. Die Straßen Asiens hallen wider von dem großen Schutzmantra *Om mani padme hum*, das Chenresi, dem Bodhisattva des Mitgefühls in Tibet und der Mongolei, und der Göttin Kuan Yin in China zugeordnet wird.

Die Mantras, die laut oder unhörbar rezitiert werden können, bringen durch ihren Klang die persönliche Schwingung mit den kosmischen Schwingungen in Übereinstimmung. Sie werden häufig dazu verwendet, um die Meditation zu erleichtern, und zeigen sich auch sehr wirksam darin, Heilung dadurch zu unterstützen, daß ihr Klang die der Krankheit eigene Schwingung dämpft.

Die fünf Atemlaute, die mit den Fünf Elementen verbunden sind, ermöglichen es, die fünf traditionellen Organe der östlichen Medizin zu stärken und zu beleben. Wählen Sie denjenigen Laut, der Ihnen am meisten zusagt. Setzen Sie sich in den Lotos- oder Schneidersitz, schließen Sie die Augen und wiederholen Sie diesen Laut sechsmal. Atmen Sie langsam ein, und sprechen Sie den Laut aus, während Sie rasch ausatmen. Visualisieren Sie beim Ausatmen die Unreinheiten, die das betreffende Organ verlassen und sich auflösen.

* Der Laut *CHOU* stärkt die Leber.
* Der Laut *HO* stärkt das Herz.
* Der Laut *HOU* stärkt die Milz.
* Der Laut *TSOU* stärkt die Lungen.
* Der Laut *TCHOUI* stärkt die Nieren.

Kapitel VI

Das Feng-Shui und die Erdströme

Die Drachenadern

Durch die westliche Radiästhesie wissen wir, daß die Erde von magnetischen Strömen durchzogen wird, die vorteilhaft oder schädlich für die Gesundheit sein können. Beispielsweise gibt es die bekannten „Krebs-Häuser".

Die Chinesen kennen bereits seit Jahrtausenden die Existenz dieser Ströme, die bei ihnen „Drachenadern" heißen und die Energiekanäle des Organismus der Erde darstellen. Durch die Erforschung der Beschaffenheit des Geländes ist es mit Hilfe der chinesischen Geomantie möglich, für das Wohnen und die Gesundheit geeignete Lebensbereiche zu erkennen. Durch die Wissenschaft des *Feng-Shui* lassen sich die Plätze lokalisieren, die beispielsweise für den Bau eines Hauses, für einen landwirtschaftlichen Betrieb oder die Meditation günstig sind.

Feng-Shui stellt die Entsprechung zu den westlichen Naturwissenschaften dar. Diese Wissenschaft untersucht mit Hilfe eines sehr differenzierten geomantischen Meßinstrumentes (Kompaß) den Standort in Verbindung zu den Kardinalpunkten, den fünf Elementen, den irdischen und himmlischen Linien, den Gestirnen usw. Nach den chinesischen Geomantikern stehen wir unter dem Einfluß der fünf Planeten, die über die fünf Elemente auf dieser Erde herrschen.

Genauso wie der menschliche Körper, ist auch die Erde von Energiekanälen durchzogen, die in Verbindung mit dem Atem der Erde stehen. Diese Annahme sollte uns nicht allzusehr erstaunen, denn auch die Druiden waren der Ansicht, daß die Menhire eine Art von „Energiespeicher" waren, die an genau ausgewählten Plätzen standen. Fast könnten wir sagen, daß diese aufrecht stehenden Steine Akupunkturnadeln ähneln, die in den Körper der Erde „gesteckt" sind. Daraus erklärt sich auch die Bezeichnung „Drachenadern" für diese Energiekanäle. Genauso wie in der Akupunktur, zirkulieren zwei Ströme von entgegengesetzter Polarität in diesen Bahnen: Die Yang-Ströme, genannt „azurblaue Drachen", sind zum Leben vorteilhaft, die Yin-Ströme, genannt „weiße Tiger", dagegen ungünstig.

Es folgen nun einige Merkmale, die anzeigen, ob es günstig ist, einen Standort als Wohnsitz zu wählen:

* der azurblaue Drache (Yang-Strom) muß sich links von dem gewählten Ort befinden;
* der weiße Tiger (Yin-Strom) soll rechts liegen;
* wenn die Gegend (beispielsweise durch schroffe Abhänge) sehr hügelig ist, muß man einen Standort wählen, der sanfte Formen aufweist;
* wenn die Landschaft aber im Gegenteil sanfte Formen (Ebenen) hat, muß man einen etwas hügeligen Standort wählen;
* ein allzu eintöniger Boden (Flachland ohne kleine Täler) ist kaum mit Energie aufgeladen und daher zum Leben wenig vorteilhaft;
* ein idealer Standort befindet sich am Übergang zwischen einer harten Landschaft (Yang) und einer weichen Landschaft (Yin);

* einen abgeschiedenen Standort wählen, denn hier umarmen sich Drache und Tiger, und der Lebensatem ist verdichtet;
* es ist auch darauf zu achten, daß der Boden nicht allzu feucht ist (Yin);
* keine Stelle auswählen, die Bergen zugekehrt ist, die steil ansteigen und ohne Vegetation sind;
* keinen Standort wählen, der einer geraden Linie zugekehrt ist, wie gerade Straße, Kanal oder Bahnlinie;

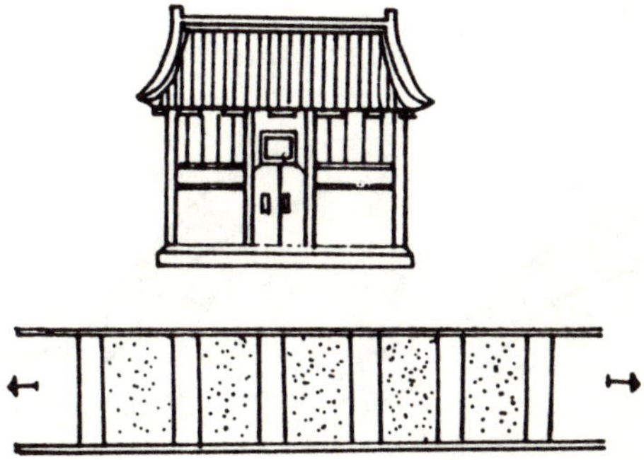

* keinen Standort wählen, wo Wasser in gerader Linie fließt und die Landschaft durchschneidet, denn dadurch entfernt sich die Energie der Bewohner am Ufer.

Beispiele für einen ungünstigen Standort:
* Kahle Felsen sind ungünstig für den Lebensatem (beispielsweise die Stadt Hongkong mit ihren kahlen Hügeln und Rio de Janeiro mit dem „Zuckerhut").

* Es ist nicht gut, in einer Berglandschaft auf allen Seiten von großen Erhebungen überragt zu werden. Ideal ist ein etwas abgelegener Standort in mittlerer Höhe.

* Im Flachland haben Bäume eine wichtige Funktion zur Energiespeicherung. Sie sind ein Schutz des Ortes, außer wenn sie von Natur aus in gerader Linie angeordnet sind und dadurch den Eingang zu dem gewählten Ort versperren.

* Ein Haus in der Nähe eines Flusses kann folgende für die Energie günstigen oder ungünstigen Standorte haben:

Günstige Standorte

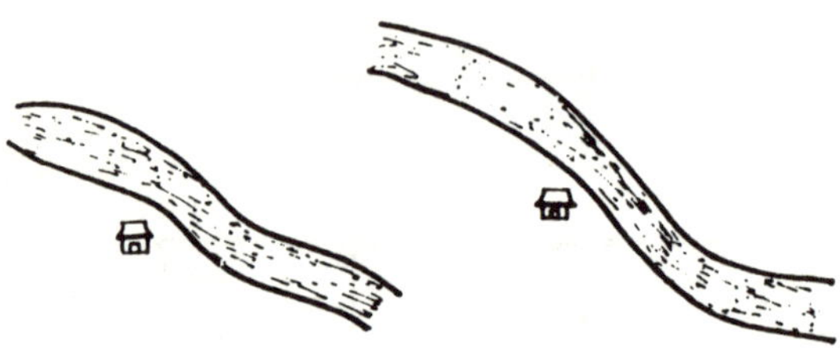

Ungünstige Standorte

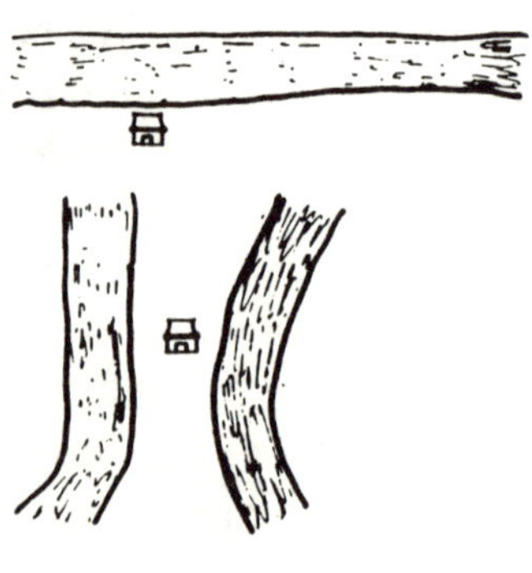

Wasser, Luft und Sonne

Die Wasserbäder

Das Bemühen, Unreinheiten *(tou)*, von den heutigen Therapeuten als „Toxine“ bezeichnet, aus dem Körper zu entfernen, beschäftigte auch schon die frühen Taoisten. Zur Hautpflege wurden dem Bad außerdem aromatische Substanzen hinzugefügt.

Die Chinesen teilten die Bäder nach ihrer Temperatur ein:

* Das heiße Bad regt den Kreislauf und die Transpiration an. Die Temperatur und Dauer müssen jedoch sorgfältig überwacht werden, um die inneren Organe nicht zu schwächen.
* Das kalte Bad wirkt anregend und tonisierend und zieht die Gewebe zusammen. Es empfiehlt sich jedoch, den Körper danach durch kräftiges Frottieren wieder aufzuwärmen.

Personen vom Yang-Typus, die nach außen gerichtet, das heißt, sanguinisch sind, einen kleinen Bauch haben und die Kälte nicht scheuen, sollten kalt duschen und sich anschließend wieder aufwärmen. Personen vom Yin-Typus dagegen, die dünn sind und leicht frösteln, sollten ein- oder zweimal in der Woche ein heißes Bad nehmen, jedoch vermeiden, dabei zu sehr zu schwitzen.

Der in den chinesischen Bädern am häufigsten verwendete Duft war Sternanis (Badian), der eine beruhigende Wirkung hat und Spannungen und Schmerzen lindert.

Die Chinesen besaßen auch ein Geheimnis für Langlebigkeit, doch dafür wäre es leider erforderlich, zwei Badewannen nebeneinander zu besitzen. Die eine ist mit sehr warmem Wasser mit der Temperatur von 38 bis 40 °C gefüllt, die andere mit kaltem Wasser. Man verbringt abwechselnd dreißig Sekunden in der einen und dreißig Sekunden in der anderen Badewanne und und wiederholt dies ein dutzendmal.

Die Luftbäder

Durch ein Luftbad wird der Körper neu belebt. Öffnen Sie die Fenster und stellen Sie sich nackt in die frische Luft. Beginnen Sie zunächst mit fünfzehn Sekunden, und erhöhen Sie dann jeden Tag etwas die Zeit. Decken Sie sich nach dem Luftbad gut zu oder wärmen Sie sich mit einigen Körperübungen wieder auf.

Diese Technik wird von dem Arzt Katsuzo Nishi empfohlen.

Die Sonnenbäder

Die ideale Zeit für ein Sonnenbad ist der Morgen. Setzen Sie am ersten Tag nur die Füße der Sonne aus, am zweiten Tag die Füße und die Waden, am dritten Tag die Füße, die Waden und die Knie usw., bis die Sonnenbestrahlung eine Zeit von zwanzig Minuten erreicht hat.

Diese Angaben sind jedoch individuell. Wenn die Sonne schlecht vertragen wird, müssen Sie die Zeit verringern. In den Mittagsstunden scheint ein Sonnenbad weniger ratsam zu sein und sollte nur kurz dauern.

Die Energiezyklen

Ein jegliches hat seine Zeit,
und alles Vorhaben unter dem Himmel
hat seine Stunde.
Der Prediger Salomo, 3,1.

Jedes Wesen, jedes Ding auf unserer Erde verändert sich ständig in seinen Beziehungen zur Umgebung, zur Umwelt. Jeder Augenblick unterscheidet sich vom vorangegangenen, selbst wenn die Abweichungen kaum spürbar sind. Die alten Taoisten schufen ein System, das jedem dabei helfen konnte, seine eigenen Zyklen mit denjenigen „von Himmel und Erde" in Einklang zu bringen. Ebenso benutzten die alten Weisen sehr perfektionierte Kalender, welche die astronomischen und astrologischen Phänomene des Universums beschrieben, wie Sonnenaufgang und Sonnenuntergang, den Mondstand, die Position der Planeten in den Gestirnen sowie Ratschläge in bezug auf die Gesundheit und das Alltagsleben gaben.

Auf diese Weise erstellten die Taoisten einen Jahreskalender und einen Tageskalender, der den Energiefluß in den Meridianen des Körpers beschreibt. Die Energie fließt am stärksten in dem jeweiligen Meridian nach der folgenden Übersicht, die nach der Sonnenzeit aufgestellt worden ist:

* zwischen 3 und 5 Uhr im Lungenmeridian
* zwischen 5 und 7 Uhr im Dickdarmmeridian
* zwischen 7 und 9 Uhr im Magenmeridian
* zwischen 9 und 11 Uhr im Milzmeridian

* zwischen 11 und 13 Uhr im Herzmeridian
* zwischen 13 und 15 Uhr im Dünndarmmeridian
* zwischen 15 und 17 Uhr im Blasenmeridian
* zwischen 17 und 19 Uhr im Nierenmeridian
* zwischen 19 und 21 Uhr im Kreislaufmeridian
* zwischen 21 und 23 Uhr im Dreifachen Erwärmer-Meridian
* zwischen 23 und 1 Uhr im Gallenblasenmeridian
* zwischen 1 und 3 Uhr im Lebermeridian.

Die Hypothesen der chinesischen Medizin sind durch die westliche Wissenschaft bestätigt worden. Man weiß beispielsweise, daß die Leber in der Nacht mehr arbeitet und daß Herzanfälle häufiger um die Mittagsstunde als zu anderen Zeiten des Tages auftreten.

Der Mondkalender

Der Mondkalender ist ein sehr praktisches Hilfsmittel, das der Erhaltung der Gesundheit und der Achtung vor den biologischen Zyklen, den Biorhythmen dient. Die Mondphasen können aus den üblichen Taschenkalendern entnommen werden.

Während des zunehmenden Mondes, in der Phase zwischen Neumond und Vollmond, wird die Energie (Yang) angeregt. Dies kann man sich zunutze machen, um den Körper durch Kuren mit natürlichen Tonika (wie Ginseng) und energetischen Körperübungen zu stärken, und auch, um die Haare zu schneiden, die dadurch gekräftigt werden.

Während des abnehmenden Mondes, der Phase zwischen Vollmond und Neumond, kommt es dagegen zu einer Zerstreuung von Energie. Dies ist günstig für Entgiftungskuren (zum Beispiel mit Löwenzahn), für Ruhe und Meditation.

Wenn der Mensch diese Gesetzmäßigkeiten befolgt, reagiert er weise auf die natürliche Ordnung der Dinge.

Taoistische Betrachtung

Man fragt mich so oft
Warum ich in den grünen Bergen wohne
Dann lächele ich und schweige
Das Herz ruhig
Wenn die Blätter fallen
Und das Wasser fließt
Meine Welt ist nicht mehr die der Menschen.

Li Pai

Statt eines Schlußwortes

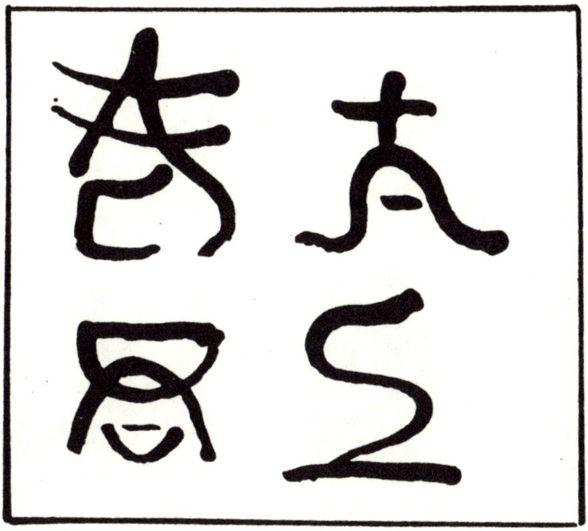

Wir hoffen, daß die Ratschläge dieses Buches
für Sie in vieler Hinsicht nützlich sein werden.
Dies ist das allmächtige Siegel von Lao Tse,
das als Talisman und zum Schutz verwendet wird.
Möge es allen Lesern zum „Glücksbringer“ werden!